ベートーヴェン

音楽の革命はいかに成し遂げられたか

中野 雄

文春新書

1290

ベートーヴェン　音楽の革命はいかに成し遂げられたか◉目次

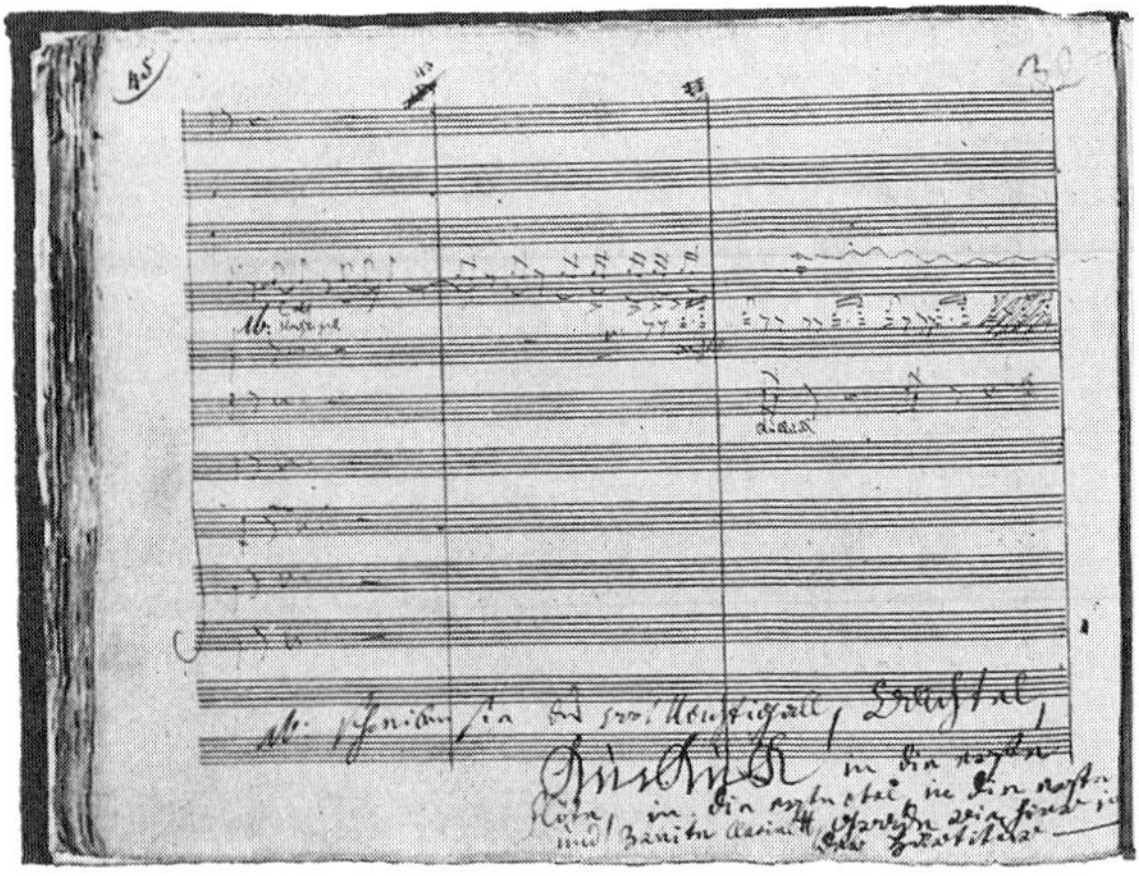

《「田園」》の楽譜

《「スプリング・ソナタ」》の自筆稿

《「クロイツェル・ソナタ」》の自筆稿

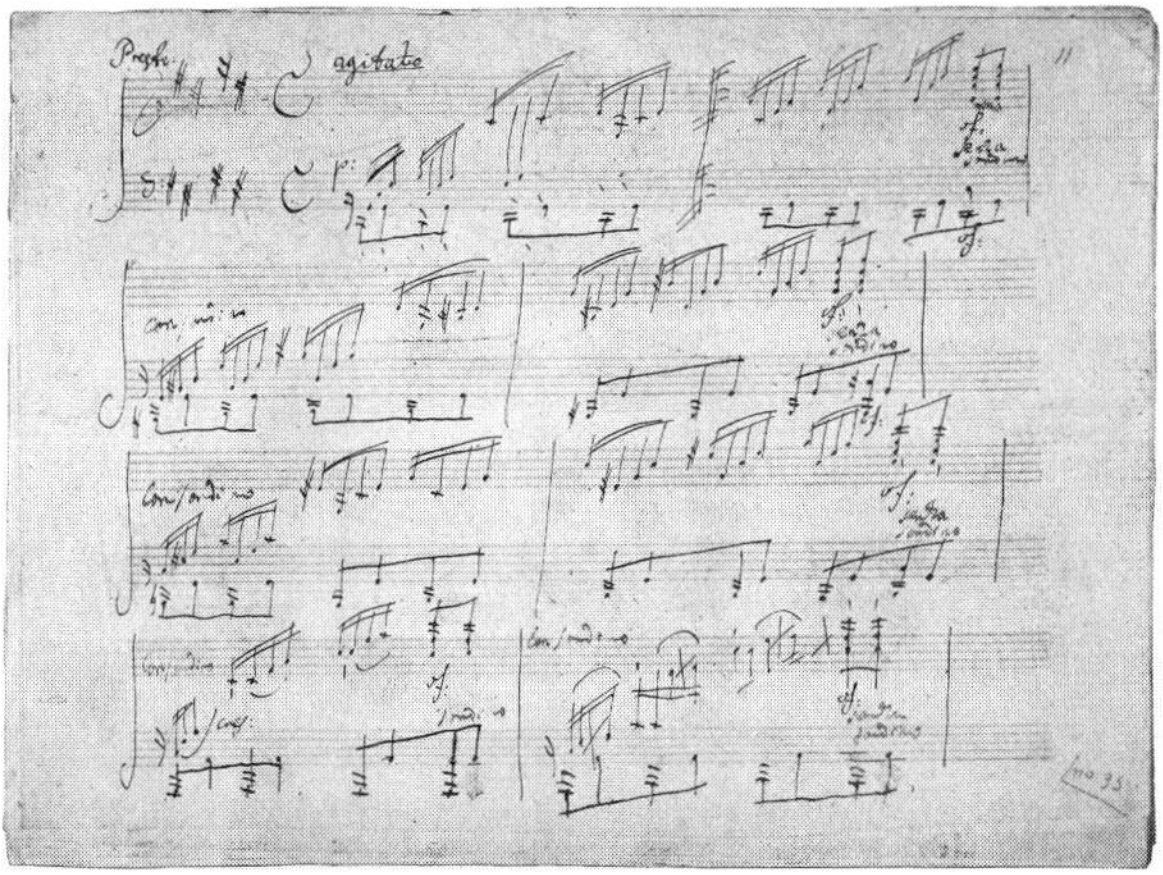

《「月光」》の自筆稿

プロローグ

人間は、一生でどれだけのことが出来るか。

クラシック音楽の世界には、「常人では達成不可能」と断言せざるをえない偉業を成し遂げた巨匠が何人かいる。

例えばヨハン・セバスティアン・バッハ（一六八五〜一七五〇）、フランツ・ヨーゼフ・ハイドン（一七三二〜一八〇九）、ウォルフガンク・アマデウス・モーツァルト（一七五六〜一七九一）、フランツ・ペーター・シューベルト（一七九七〜一八二八）、ジョアッキーノ・アントニオ・ロッシーニ（一七九二〜一八六八）、リヒャルト・ワーグナー（一八一三〜一八八三）、ジュゼッペ・ヴェルディ（一八一三〜一九〇一）など。

バッハはバロック時代のポリフォニー（多声部）音楽を集大成し、ハイドンはウィーン古典派の開祖として交響曲、弦楽四重奏曲を生み出し、ソナタ形式というクラシック音楽最高の作曲形式を創案した。モーツァルトは三五年という短い生涯であったが、六〇〇曲余りの作品を遺し、特に歌劇《オペラ》という分野を貴族の娯楽音楽という性格から解放、人生を語る芸術にまで昇華させた功績は大きい。彼は更に協奏曲という曲種にも大きな変革をもたらし、ピアノという当時発展途上にあった楽器を縦横に駆使して、新しい音楽の表現分野を切り拓いた。

シューベルトはモーツァルトより短い三一年一一ヶ月という束の間の命を最大限に活用、一〇〇〇曲前後の曲を書いたが、ピアノ伴奏のパートを従来の単純な和声進行から、詩の持つ劇的な性格などを表現できるように変更するという革命的な試みを成功させた。ドイツ・リートという新しい世界が、この薄倖の若者の手によって確立されたという事績は、音楽史上において特筆大書さるべき偉業と言っていいだろう。

《歌劇「セビリアの理髪師」》などによって有名なロッシーニは一九世紀の前半、世界で最も著名な歌劇作曲家であった。冴え渡った作曲技法を駆使して、作曲した歌劇は改作を含め三九作――経済的安定を得て三六歳の若さで歌劇創作の筆を折る。以後、この世を去るまでの約四〇年間、趣味的な作品をいくつか書いているが、日常生活は美衣と飽食に明け暮れていたらしい。

ロッシーニはイタリア人であるが、歌劇の分野にはドイツ人のワーグナーもいる。放埒《ほうらつ》無頼《ぶらい》、殺人以外の悪事はすべてやったといわれる男で、友人、知人、近親者には絶対に持ちたくない人物であるが、才能と行動力は抜群で、歌劇、楽劇で成し遂げた偉業は計り知れない。特に、自分の作品だけを上演する劇場をドイツの田舎町バイロイトに建設、没後一三〇年を過ぎた今も毎年、世界中から作品の信奉者を集めているという偉業は、他に比肩する者が見当らない。

ワーグナーと奇《く》しくも同年の生まれで、ロッシーニをこよなく尊敬していたヴェルディは、伝統あるイタリア・オペラを集大成した人物であった。人間の声を知り尽くした声楽書法と華麗にして完璧な管弦楽法、登場人物の人格を徹頭徹尾追求したその作品は、文字通り「劇と音楽の合一」を成し遂げた最終結論と称して差し支えない。《リゴレット》、《椿姫》、《アイーダ》、《オテロ》など、ヴェルディの作品に出演するときの歌手の心情は、「ベートーヴェンのピアノ・ソナタを弾くときのピアニストの緊張感に似ている」と語った音楽家がいた。

ではそのベートーヴェンとはいかなる人物であるのか。そして生涯と芸術作品にはどのような特色があるのか。

第1章　ベートーヴェンの家族、そしてその幼時

父の「教育」は罵声と殴打

ルートヴィヒ・ヴァン・ベートーヴェンの生年は一七七〇年である。一二月一七日に洗礼を受けたとの記録が生まれ故郷のボンに残っているから、当時の慣例に従えば、生誕の日はその前日か前々日であったと推測されている。

ベートーヴェン家の祖先はフランドル地方、現在のベルギーの出身であった。音楽家の家系で、彼と同じ名前である祖父のルートヴィヒ（一七一二〜一七七三）は五歳のときメヘレンのサン・ロンボー教会付属の聖歌学校に入学、声楽のほかオルガンなど鍵盤楽器の奏法を修得した。

卒業は一七二五年（一三歳）。間もなくあちこちの教会で礼拝時にオルガンを弾くようになり、一七三一年にはルーヴァンのサン・ピエール教会の合唱指揮者に任命された。翌年、リエージュのサン・ランベール大聖堂でバス歌手として歌うようになったが、一七三三年、ケルンの大司教に技量を認められて同地に移り、やがてボンの宮廷楽団の聖歌隊員兼バス独唱者として勤務するようになった。

一七六一年には宮廷楽長に任命されているから、人格識見ともに衆に秀でた存在だった

ベートーヴェンの生家

祖父ルートヴィヒ

ことに間違いはない。ベートーヴェンが三歳のとき亡くなったため、ベートーヴェンは祖父から家庭内で直接音楽教育を受ける機会には恵まれなかったが、彼は祖父を人生の師として慕っていたといわれる。

父親のヨハン（一七四〇～一七九二）も音楽家で、ボンの宮廷楽団のテノール歌手であった。彼は凡庸な才能の持ち主で、アルコール依存症の傾向があり、鬱病でもあった。偉大な父親に対する劣等感《コンプレックス》がその一因ではないかと思われる。

ヨハンは、未亡人であったマリア・マグダレーナ・ケヴェリヒ＝ライム（一七四六～一七八七）と一七六七年に結婚、七人の子をもうけたが、四人が早世する。この時代は多産多死が当たり前で、音楽史上の先輩モーツァルトの場合も、七人兄弟のうち生き残ったのは三女のマリア・アンナ（通称ナンネル）と末っ子のウォルフガンクの二人だけであった。

　ベートーヴェンの場合は、彼の一年前に生まれたルートヴィヒ・マリアが生後六日で死亡、ベートーヴェンは実質的には長男の立場で育つことになる。他に成人したのは二人の弟、カスパル＝カールとニコラウス＝ヨハンで、すぐ下の弟カールはベートーヴェンの助手の立場で兄の仕事に協力、楽譜出版社との交渉などに当たった時期もあった。二番目の弟ヨハンは薬剤師となり、オーストリアのリンツで自分の薬局を経営することになる。音楽家として祖父の偉業を受け継いだのはわれらのルートヴィヒ・ヴァン・ベートーヴェンひとりであった。なお、弟カールの息子、つまりベートーヴェンの甥《おい》のカールはベートーヴェンの晩年、その存在自体が伯父の人生に大きな波紋を巻き起こすことになるのであるが、詳細は後述する。

　ベートーヴェンの父ヨハンは、性格的には弱者であったが、音楽家であったために、息子ルートヴィヒの楽才を見抜いていたのであろう。自宅で徹底的な英才教育を施しはじめた。彼の目標はウォルフガンク・アマデウス・モーツァルト――ザルツブルクで生を享《う》け、ウィーンで活躍をはじめていた不世出の天才児の名はボンでも知られていた。

　わが子を鍛えあげれば「稼げる！」と、ヨハンは考えたのであろう。しかし、ウォルフ

ボンの眺め

ガンクの父親レオポルトが一八世紀を代表する優れた教育者で、音楽史上に今も名を留める名著『ヴァイオリン基本教程試論』の著者でもあるという識見の持ち主であったのに対し、ヨハンの力量は遥かに貧弱であった。レオポルトのわが子に対する教育は徹底しており、実に適確であった。私はかつて、拙著『モーツァルト 天才の秘密』（文春新書）において、「モーツァルトは父親の〝作品〟である」という見解を披瀝したが、数ある作曲家のなかで、彼ほど必要な〝時期〟に必要な〝教育〟を受けた人はいなかったのである。教育の範囲は鍵盤楽器、弦楽器奏法からはじまって、さまざまな作曲技法＝和声法、対位法、旋律作法などに及んだ。イタリア、イギリスなど各国の最高権威を訪問して教えを乞い、修得させるという発想と実行力は、郵便馬車しか情報伝達手段も交通手段もなかった一八世紀という時代にあっては驚異的であり、空前にして絶後の行為であった。

これに対して、ヨハンがわが子に対してとった行動は罵声と殴打であった。父親は、幼いときからベートーヴェンにクラヴィーアを習得させるために暴力を振るった。小さな子供なので、楽器の前に台を置いてベートーヴェンを立たせ、ことあるごとに殴り、ときには地下室に閉じ込めたりした。酒場で痛飲した後に自宅に帰り、眠っているわが子を揺り起こしてクラヴィーアに向かわせるなどという乱暴な行為も日常茶飯事であったらしい。

ヨハンが天才児の父親として自分が人びとの称讃を受けたり、金銭的利益を得るためにベートーヴェンを利用しようとしたことに間違いはないが、幼児期のルートヴィヒは、残念ながらモーツァルト級の神童ではなかった。記録によれば一七七八年、ケルンでの演奏会にベートーヴェンが出演しているものの、その後、公開演奏会の記録は途絶えているのである。

出生時の話題に戻るが、ベートーヴェンは生涯、自分の生まれた年月は一七七〇年一二月でなく、一七七二年一二月だと信じていたらしい。友人たちの何人かが彼に洗礼証明書の写しを見せたが、彼はそれを信用しなかった。ウィーンに移住してから一八年後の一八一〇年にベートーヴェンは幼な友達のフランツ・ゲルハルト・ヴェーゲラーに手紙を書いて、正しい洗礼証明書を入手して欲しいと依頼しているが、ボンの市役所から正規の証明書が届けられても、彼はそれを有効なものと認めなかったらしい。ベートーヴェンはその証明書の裏に、「私より前に生まれたもう一人のルートヴィヒがいたので、この洗礼証明書は正しくないように思える」と記しているのである。

かつて伝記作家の何人かは、その理由を父親ヨハンの俗世的意図によるものと解釈していた。「神童伝説」を誇示するためにわが子の年齢を偽り、ルートヴィヒ自身にもそう伝えていたというのである。ヨハンの性癖を考えれば無理もない憶測だと思われる。しかし、そのような事実はなく、証拠や物証も見つかっていない。音楽学者のメイナード・ソロモンは、〔一七七二年（あるいはそれよりもあと）の一二月に生まれたとするベートーヴェンの頑固な信念は、彼自身から生まれたものである。……生年をめぐるこの妄想はベートーヴェン自身のものであった〕と書いている（『ベートーヴェン』徳丸吉彦・勝村仁子訳、岩波書店）。ベートーヴェンが自分の年齢を何故二歳下であることにこだわったのか――真相は闇の中である。

フリードリヒ大王のご落胤説も

更にもう一つ、ベートーヴェンの出生の秘密についての噂話を紹介したい。

彼がプロイセンのフリードリヒ二世（一七一二〜一七八六・通称フリードリヒ大王）のご落胤《らくいん》であるという印刷物が一八一〇年に現われ、このことはベートーヴェンの生涯を通じて、百科事典、音楽辞典や音楽関係の定期刊行物などに繰り返し記された。

友人たちや甥のカールは、この噂を否定することをしきりに求めたらしいが、ベートーヴェンは何故か行動を起こそうとはしていない。「あなたは国王の栄光を借りる必要はない」という彼等の忠告にも、耳を傾けようとはしなかったという。

真偽のほどはともかく、ベートーヴェンが、愛していたはずの母親の「不倫」という不名誉を公式には否定せず、自分が「私生児」だという巷《ちまた》の俗説を黙認していたという事実は何故か——真相は「謎」というほかはない。

第2章　一八世紀の文化都市ボン

ボンという街

ベートーヴェンが生まれ、二一歳で神聖ローマ帝国の首都であるウィーンに旅立つまで暮らしていた中部ドイツの街ボンは、その頃、非常に先進的で、文化の香り高い宮廷都市であった。

選帝侯といわれる、神聖ローマ皇帝（ドイツ国王）の選挙に独占的な関与権を持つ七人の諸侯（マインツ、ケルン、トリーアの各大司教とボヘミア王、ライン宮中伯、ザクセン大公、ブランデンブルク辺境伯）が当時勢威を振るっていたが、そのうちのケルン大司教が居城をライン河畔の街ボンに構えていた（現在のボン大学）。

ベートーヴェンの少年時代、ケルンの大司教・選帝侯は神聖ローマ帝国の皇帝ヨーゼフ二世の弟マクシミリアン＝フランツ（在位一七八四〜一七九四）であった。彼は啓蒙君主として音楽文化を愛し、ウィーンに匹敵するような宮廷楽団編成を企画、モーツァルトを宮廷楽長に据えることも考えていたという。彼がモーツァルトの音楽を積極的にボンに採り入れた影響は、ベートーヴェンが一七八五年に作曲した《クラヴィーア四重奏曲・全三曲》（WoO〈作品番号なし〉36）に現われている。この三曲の楽章構成、楽章間の調性関

ボンの選帝侯王宮

選帝侯マクシミリアン＝フランツ

係、各楽章の拍子と形式、それにいくつかの主題は、ウィーンのアルタリア社からモーツァルトの「作品2」として出版された《ヴァイオリン・ソナタ集》（K296、K379、K380など）と驚くほど似通っているのである。少年期のベートーヴェンは、マクシミリアン＝フランツが着任後にウィーンから持ち込んだモーツァルトなどの最盛期古典派の多楽章のソナタの書法を、恐らく写譜などを通じて習得していったのではあるまいか。

ボンには一七七七年、大学の前身になったアカデミーが設立され、翌年には国民劇場が設置されていた。この時期、ドイツでは演劇運動が開花期を迎え、オペラの上演もしばしば行なわれた。記録によると、演劇ではレッシング、ボーマルシェ、シェイクスピアなどの作品がドイツ語訳で上演され、オペラではネーフェ、ピッチーニなどの名が挙がっているほか、一七八三年にはモーツァルトの《後宮からの誘拐》が上演された記録もある。劇団員は二五人、バレエ団員は一八人を数えたという。

　選帝侯マクシミリアン＝フランツは一七八五年、宮廷図書館を一般に公開し、当時貴重品であった書物を一般市民が利用できるとした破格の命令を下す。更に同じ年、アカデミーを大学に昇格させて、神学、法学、医学、哲学の各学部の内容を充実させた。大学の講義は無料だったから、一七八八〜八九年度には学生数は二五〇人を超えたという。ベートーヴェンは一七八九年、親友のアントン・ライヒャとともにこのボン大学に入学している。

　ボン大学は地域の啓蒙思想の中心となり、ケルン選帝侯国に新風を吹きこむこととなった。またこの街には一七八七年、知識人たちによって読書協会「レーゼ」が設立され、市庁舎のなかに集会所が設置されていた。

　しかし、選帝侯の居城都市であったボンの繁栄は一七九四年一〇月一二日、フランス革命軍の侵略によって崩壊する。その九日前にボンを立ち去ったマクシミリアン＝フランツは一八〇一年、ウィーンの郊外で、失意のうちに死去した。

　ボンという街が再び歴史の舞台に登場するのは約一五〇年後のことである。第二次世界大戦が終了してドイツが東西に分割され、首都ベルリンが共産圏に取り残されてから、ボンが暫定首都として当時の西ドイツの政治的中心地になったことによる。

更にその後、一九九〇年一〇月三日に東西両ドイツの統一が実現、二〇〇〇年には首都がベルリンに帰ることとなって、ボンは再び静謐《せいひつ》な大学都市に戻った。

音譜の筆写で培った作曲力

ベートーヴェンは八歳のとき、宮廷のオルガン奏者ジル・ヴァン＝デン＝エーデンに師事した。

父親のヨハンはこの頃、息子のルートヴィヒを教えることができなくなったことを覚り、しかもわが子に作曲の才能があることを認めたのである。ヴァン＝デン＝エーデンは五四年間も選帝侯の宮廷にオルガン奏者として勤続した人で、ピアノの演奏にも長《た》けていた。ベートーヴェンの祖父ルートヴィヒとは同年輩の親友だったという。ベートーヴェンには彼がオルガンとピアノを教えた。報酬は選帝侯から出たという記録がある。

ヴァン＝デン＝エーデンは一七八二年の七月に世を去っている。その後を継いだのがクリスティアン・ゴットロープ・ネーフェで、この人がベートーヴェンに作曲法の基礎を伝授し、彼に芸術家としての正しい針路を与えた最初の教師となる。

ネーフェは一七四八年生まれ。一七七九年にボンに招かれ、一七八一年には、ヴァン＝デン＝エーデンの後継者として宮廷のオルガン奏者の職に就いた。

ベートーヴェンがネーフェに師事したのはその頃からと考えられるが、ネーフェは自分が修業したライプツィヒ時代の経験から、この地で活躍したヨハン・セバスティアン・バッハの《平均律クラヴィーア曲集》などを教材として与えた。

この時代、バロック時代の対位法と言われる二つ以上の独立した声部によって構成される音楽、すなわちポリフォニーの作曲技法は廃《すた》れて、ある一声部が主旋律をうけもち、他声部はそれを和声的に伴奏する優美《ギャラント》なホモフォニーと言われる音楽形態が全盛期を迎えていた。一八世紀の前半は楽譜の印刷に費用がかかったので、バッハの生前には二曲のカンタータとごく僅かの鍵盤楽器作品が印刷されていたにすぎない。バッハが没した一七五〇年以後の三〇年間でも、作品の印刷譜は僅か一二点、晩年の《フーガの技法》や《音楽の捧げもの》など、厳格な対位法に基づく作品ばかりであった。

ベートーヴェンが非常に若い時期からバッハの作品を知り、ポリフォニーの技法で作曲された《平均律クラヴィーア曲集》などを演奏する機会を得たのは、恩師であるネーフェの指導によるところと言っていいだろう。当時の音楽界は前述のごとく、ホモフォニーの時代に移っていたから、ボン時代の若き日のベートーヴェンの作品にはバッハの直接的な影響は見られないが、後に「音楽の父」と呼ばれることになるこの巨匠の音楽的論理と深い表現は、彼の精神の奥深くに強烈な影響を残すことになる。「傑作の森」と称される壮年期以降のピアノ・ソナタ、弦楽四重奏曲の終楽章にしばしば華麗なフーガが現れるのは、その淵源が少年期に受けたネーフェの教育にあると言ってもいいかもしれない。

ベートーヴェンは、一七八二年に無給ながら宮廷オルガニストの助手となり、翌年にはボンの宮廷管弦楽団のチェンバロ奏者に任命された。一七八四年には、宮廷オルガニストの代理となり、一五〇フローリンの給料を支給されるようになる。ネーフェは彼の才能を愛し、一二歳のときチェンバロ奏者としての地位を譲ったのである。この時代、チェンバリストは楽譜を初見で弾きながら管弦楽を指揮する仕事を含んでいたから、異例の抜擢と言えるだろう。ネーフェはこの少年の作曲の才能も認め、ベートーヴェ

ネーフェ

ンの初期の作品の出版にも手を貸している。
ネーフェはライプツィヒでの修業時代、一七八〇年頃にドイツで流行していたシュトゥルム・ウント・ドラング＝疾風怒《しっぷうど》濤《とう》運動に感化されていた。この呼称はクリンガーの戯曲名に由来するもので、啓蒙思想の合理主義に対し、若きゲーテやシラーたちが感情の解放や生命力を主張したもので、一九世紀ロマン主義の先駆的役割を持つ文学運動であった。ネーフェがベートーヴェンにこの思想を吹きこんだという記録はないが、親しい師弟関係のなかで、なにがしかの影響はあったと考えるほうが自然であろう。

　ベートーヴェンは一七九二年、イエナ大学からボン大学に派遣された、フリードリヒ・フォン・シラーの友人バルトロメウス・ルートヴィヒ・フィシェニヒによるシラーについての講義を聞いている。フィシェニヒが一七九三年一月二六日付でシラーの夫人シャルロッテに宛てた手紙には、ベートーヴェンについて、〔彼はシラーの『歓喜《フロイデ》』を、しかも全節を作曲しようとしています〕という記述がある。それから約三〇年後に《交響曲第九番》の終楽章として結実することになるシラーの詩『歓喜に寄す《アン・デイ・フロイデ》』との最初の出逢いが、この書簡に記されている。このことは第6章で後述する。

ベートーヴェンはその前、一七八七年三月下旬に、ウィーンへの最初の旅に出かけている。旅費は選帝侯の支出と考えられる。

四月七日頃ウィーンに到着するが、同月二〇日頃、肺結核だった母マリア・マグダレーナが重態との報せを受け、一年前後を予定していた留学を切り上げてボンに帰った。マリア・マグダレーナは七月一七日死去。

ウィーンではモーツァルトに会ったらしいが、彼から与えられた主題によって即興曲を演奏し、モーツァルトが、「彼に注目したまえ。いまに彼は世間の話題になるだろうから」と語ったというエピソードは真偽不明である。またベートーヴェンがモーツァルトから、作曲法についてレッスンを受けたという記録もない。ただ彼がモーツァルトの演奏を聴いたことだけは確かで、後年、弟子のカール・チェルニーに、「演奏は見事であったが、ポツポツと音を刻むようで、レガート（なめらか）ではなかった」と、やや批判的にその印象を語っている。

ボンに帰った後の一七八八年、ベートーヴェンは宮廷管弦楽団及び国民歌劇場管弦楽団のヴィオラ奏者に採用される。その前、ボヘミア出身の貴族フェルディナント・エルンスト・フォン・ワルトシュタイン伯爵がドイツ騎士団に入団するためボンを訪れ、ベートーヴェンの面倒をみていたフォン・ブロイニング未亡人の紹介で彼と知り合った。

　ワルトシュタイン伯爵は自らピアノを弾き、作曲を試みるほどの音楽愛好家で、ベートーヴェンの才能に驚嘆し、当時貴重品であったＪ・Ａ・シュタイン製のピアノを贈った。ベートーヴェンのボン時代の作品の多くは、このピアノから生まれている。ワルトシュタイン伯爵はベートーヴェンのボン時代の末期、彼がウィーンで身を立てるために多大の援助を行なっているほどだ。

　一七九二年の七月初旬、ハイドンが大成功に終ったロンドン公演からウィーンに帰る途中、ボンに立ち寄った。ベートーヴェンはそのとき、一七九〇年二月に他界した、ケルンの選帝侯の兄にあたる神聖ローマ帝国の皇帝のために作曲した《皇帝ヨーゼフ二世の死を悼むカンタータ》（ＷｏＯ87）をハイドンに見せ、弟子入りを許された。ベートーヴェン二度目のウィーン留学が決定する。

　ベートーヴェンはその年の一一月二日の早朝にボンを出発し、ウィーンに向かうのであるが、送別会で記された記念帳にはワルトシュタイン伯爵の言葉、「たゆまぬ努力をもって、モーツァルトの精神をハイドンの手から受け取りたまえ」が残されている。

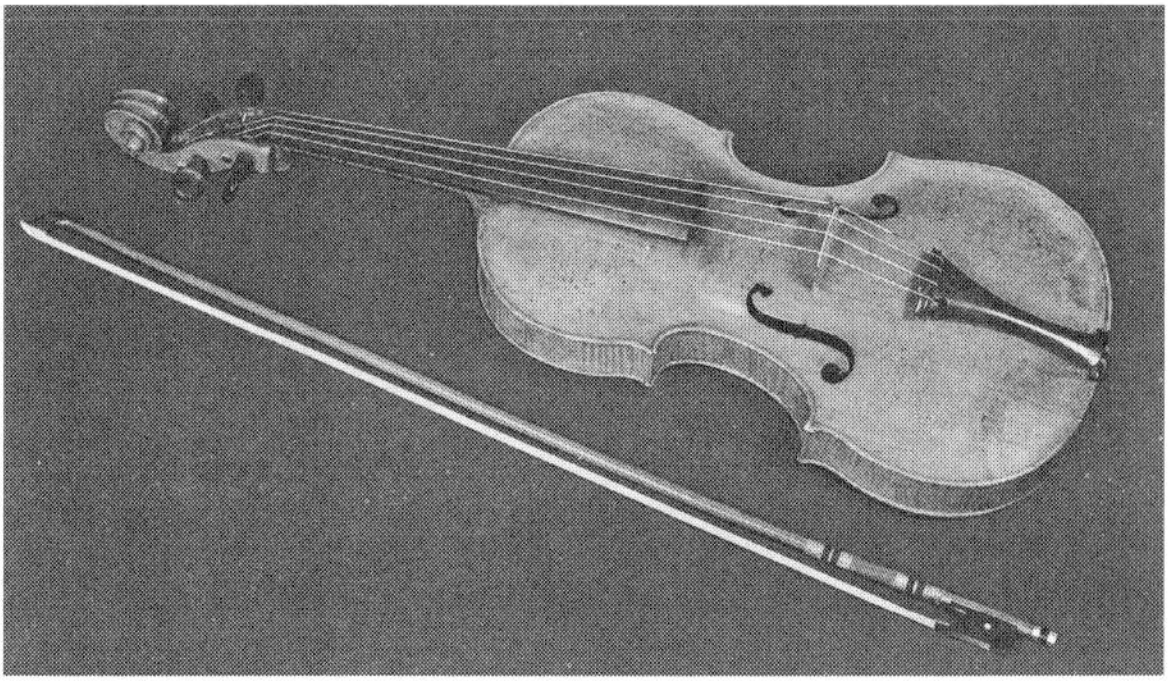

ボン時代のベートーヴェンのヴィオラ

一一月一〇日頃ウィーンに到着。最初の下宿は屋根裏部屋であったが、まもなくカール・フォン・リヒノフスキー侯爵所有の家屋の一室に転居した。ワルトシュタイン伯爵からの紹介であろう。

この年の一二月一八日、父親のヨハンがボンで死去した。ベートーヴェンの反応については記録がない。

同じ頃、ウィーンでハイドンのレッスンが始まった。期間は約一年間。ハイドンは一七九四年に再びロンドンに旅立っている。

ハイドンの教授法は月並みで、あまり熱心に教えた形跡はない。ベートーヴェンのハイドンに対する期待は大きかったが、彼自身すでに知識と経験を積んでいたし、性格的にも強烈なものを持っていたから、すでに名を成して保守的傾向が強くなっていたハイドンと

アルブレヒツベルガー

シェンク

はウマが合わなかったのかもしれない。

ウィーンに来てから、ベートーヴェンはハイドンの他にヨハン・シェンク、ヨハン・ゲオルク・アルブレヒツベルガー、ウィーンの宮廷楽長だったアントニオ・サリエリなどに師事している。

しかし、ベートーヴェンの作曲家としての実力を養うことに寄与したのは、彼が直接目にし、筆写したモーツァルトやハイドンの作品であった。学習法として最も優れているのは「筆写」である。一見迂遠な方法のように思われるが、筋肉を使って筆写することによって、優れた先人の作曲技法が実力として身に付くのである。

第3章　ウィーン時代の始まり

作品1の誕生

ワルトシュタイン伯爵の紹介でリヒノフスキー侯爵の持ち家に暮らすようになったベートーヴェンは、その卓越したピアノ演奏技術と即興演奏の巧みさによって、たちまち当時の貴族社会の寵児となった。

貴族は、所領などぬきんでた財産を持ち、政治的な特権、官職、戦闘能力などによって社会を指導する役割を担い、生産活動には従事しない。身分は原則として世襲制であり、血統によって高貴さが伝承される。従って、平時における日常生活は社交が重要な位置を占める。会食、観劇や音楽の鑑賞、サロン・コンサートへの参加などがその内容である。

当主やその家族、子女の多くが楽器を習得し、友人たちとのアンサンブルを楽しむ。現代のように趣味や娯楽が多様化していないから、日常生活のなかで占める音楽の役割は非常に大きかった。豊かな貴族は自前のオペラハウスや宮廷楽団を持って賓客《ひんきゃく》をもてなす。音楽家は原則として歌劇場のメンバーや宮廷劇場のお抱えで、身分は召使い並み。音楽は、雇い主の注文によりその都度《つど》作曲され、その多くは使い捨てで、芸術作品として後世に残るものとは考えられていなかった。

サロン・コンサート向けの作品は楽譜が印刷され、販売されることもあるが、現在のような著作権制度は無かったから、早い者勝ちであった。

貴族や富裕な商人の家庭向けの作品は需要が多く、ハイドンやモーツァルトだけではなく、数多くの音楽家が自作を印刷し、出版していた。楽譜の出版は、音楽家たちの稼ぎと生計維持の手段として、大きな市場であったと考えられる。

この時代、現在のリサイタルのように、他人の作品だけをプログラムに、演奏会を開くといった習慣はなかった。コンサートのプログラムは原則として自作中心である。モーツァルトは全盛時代、「予約音楽会」と銘打って自作の新作を年間複数回発表、莫大な利益を得ていたが、これは例外で、宮廷楽長のサリエリですら、予約音楽会の開催は一年に一度くらいのペースであったらしい。

盛んだったのは「即興演奏会」である。貴族のサロンなどで、音楽家たちが或る主題《テーマ》をもとに変奏曲などを演奏する。時には、複数の音楽家が招かれて、変奏曲の出来不出来や演奏技術の優劣を競うという催しが行なわれた。

ベートーヴェンは高い演奏技術と優れた変奏能力によって、たちまちのうちにウィーンの貴族社会のなかで名声を高めていく。

ベートーヴェンは一七九二年一一月の第二週にウィーンに到着したが、ワルトシュタイン伯爵の紹介状と、ハイドンの許《もと》で学んでよいとの紹介状を携えていた。しかも、彼がハプスブルク家の皇帝フランツ二世の叔父に雇われていたという評判は既にこの街に伝わっていたから、滑り出しは順調であった。音楽愛好家である貴族や富裕な商人たちが、自分たちのサロンに彼を招き、演奏を乞うたのである。

当時のウィーンには三〇〇人以上のピアニストが暮らしており、上流階級の子女にピアノを教えていた。生徒の数は六〇〇〇人とも言われている。

ベートーヴェンはウィーン到着後しばらくの間は、ピアノのヴィルトゥオーゾ（達人）として有名であったらしい。モーツァルトは前年の一七九一年の一二月に他界していたが、彼の優雅な演奏振りとは異なり、ベートーヴェンの演奏はダイナミックで迫力に富んでいた。粗野だと嫌う人もいたが、多くの人びとには新鮮で感動的なものであったらしい。彼の弟子であったカール・チェルニーは、「聴き手すべての眼に涙があふれ、多くの人が大きな声で泣き出すほどのものであった」と語っている。

ベートーヴェンはボン時代に三〇曲前後の作品を書いている。そのなかにはＷｏＯ47の《ピアノ・ソナタ＝選帝侯ソナタ・全三曲》やＷｏＯ36の《クラヴィーア四重奏曲・全三曲》などの作品も含まれているが、彼はこれらの曲に作品番号を付けて出版していない。

ハイドン

モーツァルト

モーツァルトは或る時期から自分の作品に番号を付けはじめたが、シューベルトは一切作品番号を付けていない。付けられているのは出版社による番号であり、順序は正確ではない。

ベートーヴェンは、自作の作品番号に注意を払っていた。

この頃ウィーンでは、音楽家が「作品1」の発表に強いこだわりを持っていた。しかも作品1には、弦楽四重奏曲を選ぶ人が圧倒的に多かったようである。正確な数字は明らかではないが、出版された作品1の半ば以上が弦楽四重奏曲であったとも言われている。

弦楽四重奏曲はいうまでもなく、クラシック音楽の精髄であり、極北である。弦四部という楽器の構成は、ピアノのような打鍵楽器やフルートやオーボエのような音色の色彩感で勝負する楽器を含まない。だから絵画であれば墨絵かデッサンの世界に近い。従って、作曲家の技法の優劣がモロに作品に反映される。この時代の音楽家の多くが自分のデビュー作に弦楽四重奏曲というスタイルを選んだのは、自分の作曲技法の高さを楽都ウィーンの聴き手に誇示するのが目的であったと考えていいだろう。

弦楽四重奏曲という音楽のジャンルを開拓したのはハイドンである。ソナタ形式で書かれた第一楽章を基本として、交響曲と同じスタイルで書かれた四つの楽章より成る。

画期的だったのは「作品33」として書かれた通称《ロシア四重奏曲》である。作曲年代は一七七八年から八一年にかけてで、ロシアのパーヴェル大公夫妻がウィーンを訪れた際、エステルハージ侯の楽長であったハイドンが、この夫妻から格別の知遇を受けたことから、返礼として作曲、献呈されたものと言われている。

《ロシア四重奏曲》の出版譜に触れたモーツァルトは、弦四部という楽器編成で書かれた音楽の新しく、瑞々《みずみず》しい可能性に驚嘆、一七八二年から八五年という、彼としては異例の歳月をかけて六曲の弦楽四重奏曲、通称《ハイドン・セット》を完成させ、「長い間の辛酸から生まれた果実」という手紙を付してハイドンに献呈した。

ベートーヴェンは、ハイドンやモーツァルトの作品を、筆写することによって技法の修得に努めたことは前述のとおりである。当時、弦楽四重奏曲はパート譜のみが出版されていたので、彼は一七九四年頃から、少なくともハイドンの《弦楽四重奏曲第三一番　変ホ長調》（作品20－1）とモーツァルトの《ハイドン・セット》からＫ３８７とＫ４６４の三曲の総譜を筆写によって造り上げている。

しかし、ベートーヴェンは、作品１の出版にあたって、弦楽四重奏曲というジャンルを慎重に避けている。この曲種は専門の音楽家か、高い音楽的教養を持った貴族によって演奏されていて、演奏者サイドから新作に要求される水準は高度である。加えて彼の前には既にハイドンやモーツァルトの名作が市場に出回っていたからではないか。

ただし、当時、数多くの作品１の弦楽四重奏曲が発表されていたといわれてはいるが、二一世紀の今日まで語り継がれ、演奏会のプログラムに載っている曲はゼロと言ってもいいだろう。

彼は作品１の出版を三曲のピアノ三重奏曲《トリオ》で行なった。

リヒノフスキー侯爵

理由として考えられるのは第一に、この分野にはハイドンやモーツァルトの傑作が少ないこと。二人の先輩にはもちろんピアノ三重奏曲も作品としてあるが、弦楽四重奏曲やピアノ・ソナタのような大傑作がない。理由の第二は、ベートーヴェン自身がピアノのヴィルトゥオーゾであり、自らの演奏によって作品をアピールすることができると考えたのであろう。非凡なマーケティング頭脳である。

三曲セットの作曲年代は一七九三年から九五年と推定されている。第一番を書いたのはボン時代で、その後、改訂を施してウィーンで出版されたという説もある。

私的な初演はリヒノフスキー侯爵邸の夜会で行なわれ、成功を収めた。しかし、夜会に出席していたハイドンは、賛辞を呈したものの《第三番　ハ短調》については「出版しない方がいい」と忠告したと言われる。

ハ短調という、ベートーヴェンの作品を代表する調性に基づく作品の革新的な内容に、保守的傾向の強いハイドンが危惧の念を抱いたからであろうが、この作品を最高傑作と考えていたベートーヴェンは激怒した。ハイドンが作品の出来に嫉妬したと思い込んだのである。曲はリヒノフスキー侯爵に献呈され、一七九五年七月頃に予約出版された。記録によれば、予約者用の特別装丁本は二四五部もの注文があったようで、ベートーヴェンはこの出版により、彼のボン時代の給料のほぼ二年分にあたる八四三フローリンの収益を得ている。

　リヒノフスキー侯爵はベートーヴェンの才能を愛し、弦楽四重奏のためにイタリア製の名器を四挺贈り、ベートーヴェンはそれを終生大切にしていたといわれる。更に一八〇〇年からは、無期限という破格の条件で、年金が六〇〇フローリン支払われた。支払いは一八〇六年まで継続したようである。

《選帝侯ソナタ》と作品2

　ベートーヴェンは、一七八一年の後半から八二年の前半にかけて、作曲を始めている。一一歳から一二歳頃からで、しかも一七八三年から八四年には最初の作品群が印刷出版された。

　すべてがクラヴィーアのための作品で、《ドレスラーの行進曲による九つの変奏曲》（ＷｏＯ63）、《選帝侯ソナタ・全三曲》（ＷｏＯ47）、《ロンド　ハ長調》（ＷｏＯ48）、《ロンドイ長調》（ＷｏＯ49）である。無名の少年の作品が出版されたことは異例で、師匠のネーフェの尽力が多大な影響を与えたことに間違いはない。

特に《選帝侯ソナタ・全三曲》は、当時のケルン大司教・選帝侯のマクシミリアン＝フリードリヒに献呈されているためそう呼ばれており、完成度が高い。注目に値するのは、《第二番》にヘ短調というフラット四つの調性が採用されている点で、ハイドンやモーツァルトの作品にはこのような複雑な調性は無い。

これらの曲が書かれたとき、ボンにはフォルテピアノは無かったようで、彼はチェンバロかクラヴィコードを念頭に作曲したものと思われる。ネーフェはこれらの作品を評して、「この少年は第二のモーツァルトになるだろう」と激賞している。ベートーヴェンは作品番号の付いた三二曲のピアノ・ソナタを作曲しているが、《選帝侯ソナタ・全三曲》は、ウィーン時代の初期に書かれた三曲に迫る、立派な作品と考えていいだろう。

作品1の《ピアノ三重奏曲・全三曲》の成功に力を得て、ベートーヴェンは《ピアノ・ソナタ第一～三番・全三曲》を一七九六年の三月に出版した。作品2の誕生であり、生涯で三二曲に及ぶピアノ・ソナタ群のスタートであった。

ベートーヴェンの初期におけるピアノ・ソナタ一作ごとの飛躍には刮目《かつもく》すべきものがある。先輩であるハイドンやモーツァルトの作風からの離脱である。

第一に楽章の構成——彼はピアノ・ソナタに交響曲や弦楽四重奏曲と同じ四楽章制を導入した。それ以前の三楽章形式に比べて、音楽の表現力が拡大する。

第二にダイナミックな表現——この時代、ピアノという楽器は発展途上にあった。音量、音域とともに、表現力も日を追って増大していく。

一七七〇年代、当時の先進国イギリスでは産業革命が進行しはじめている。楽器としてのピアノの構成要素である筐体《きょうたい》の原料になる鋳鉄《ちゅうてつ》やピアノ線の品質も著しく向上していた。

バロック時代、鍵盤楽器の主流は教会に設置されたオルガンと、弦を引っ掻く機構を持ったチェンバロであった。鍵盤の奥に取りつけられた金属の小片が弦を叩き発音する矩形《くけい》の楽器＝クラヴィコードもあり、バッハが愛用していたという説もあるが、音量も極小で、個人の愛玩物の域に留まっていた。

選帝侯マクシミリアン＝フリードリヒ

チェンバロを、ハンマーで弦を叩くメカニズムに変更したのがイタリア人のバルトロメオ・クリストフォリ（一六五五～一七三二）である。一七〇〇年頃であったと言われている。チェンバロでは不可能であったフォルテ（強音）とピアノ（弱音）の表現が可能になった。

その後改良が加えられて、この楽器＝フォルテピアノは鍵盤楽器の主流となり、一七七〇年以降、ハイドンやモーツァルトの時代には広く愛用されるようになった。音域は五オクターヴ、鍵盤の数は六一鍵であった。

青春期のモーツァルトが栄職を求めて母とともにザルツブルクを後にしたマンハイム、パリ旅行の途中、父レオポルトの故郷アウグスブルクで出逢い、その性能の素晴らしさを父宛の一七七七年一〇月一七日付の手紙で書き送ったシュタイン製の鍵盤楽器＝ハンマーフリューゲルの基本性能も、この種の楽器であったと思われる。そのとき、天才モーツァルトの脳中には、この楽器を使った新しい曲作りの構想が、音楽の質的変貌を伴って生まれている。才能豊かな作曲家にとって、楽器の改良は旱天《かんてん》の慈雨の如きものであった。

ピアノを破壊するほどの白熱演奏

ベートーヴェンがウィーン時代の初期に使用していた楽器は、ウィーンのピアノ・メーカー、アントン・ワルター製等で、音域は五オクターヴであった。彼は作品2の三曲に続き、一八二二年までに三二曲のピアノ・ソナタを書き上げるのであるが、その多くは楽器の性能の向上に並行する形で表現力が拡大している。

しかし、彼は楽器の持つ性能に甘んじて、その表現力の範囲内で作品を書いていたわけではない。鍵盤の数に制約を受けて、使われる音域が限られていたことに間違いはないが、作曲者自身が脳中で意図していた音楽のスケール＝ダイナミズム、迫力、色彩感などは、当時の楽器の持つ性能を遥かに超えていたと推測される。その頃、貴族のサロンなどで流行していたピアニストによる変奏曲などの即興演奏の際、ベートーヴェンはしばしばクラヴィーアの弦を強度の打鍵で切断したり、フレームを破壊したことがあったという。モーツァルトが、使用した楽器の能力の範囲内で優雅な演奏をしていたのに対し、ベートーヴェンは未来を見据え、当時の楽器で、彼の理想とする音楽を追求し続けたのであった。

当時のピアノは張られた弦の質、フレームの構造によって、低音部と中音部、高音部の音色が現代のピアノとは随分異なっていたようである。音域によって音色が異なるため、ベートーヴェンはそれを意識して曲を書いた。だから現代のピアノでは、彼の曲想＝作曲意図を完全に再現することはできないという説が一部にはある。

ヴァイオリンと違って、ピアノの構造や弦の質、張り方は現在とは大きく異なるから、そんな考え方もありうるかもしれないが、ベートーヴェンの音楽作りの基本は、そのような限られたものではないように思う。彼の頭のなかには、いつも彼の「理想」とする音と響きが鳴っていた。それがどのようなものか——誰にも正確にはわからない。しかし、それを追求してゆくのが「演奏」という行為なのであろう。「解答」は永久に訪れないかもしれないが……。

作品の内容に先輩のハイドンやモーツァルトなどとの乖離《かいり》が現われた背景には、ベートーヴェン自身の「芸術家」という自覚があった。

中世から続いた封建社会の特徴は、人間の価値はその出自によって決まるという、厳格な身分制度にあった。貴族の家系に生まれなければ、当時の支配階級である貴族にはなれない。職人の子は職人に、農民の子は農民になるのが当然で、厳格な階級の壁を破ることは不可能であった。

階級制度を前提としての話であるが、農民や職人の子弟が栄達の道を歩ける職業のひとつが音楽家であった。

一八世紀の後半まで、多くの貴族は宮廷楽団を持ち、オペラ劇場を持つ富裕な貴族もいた。彼等の財政は所有する農地からの年貢によって賄《まかな》われる。貴族の仕事は政治と有事の際の軍事で、通常は狩猟や社交に明け暮れていた。労働の義務はない。時間に余裕があるので、読書や音楽を深く学ぶ高度の教養の持ち主も現われた。

　社交や家族の楽しみの最たるものがサロン・コンサートであった。貴族本人や子女が楽器の奏法を習得し、家族や友人たちとアンサンブルを楽しむ。テレビも映画も無い時代、貴族や富裕な商人たちの日常の娯楽は限られていた。なかには放埓《ほうらつ》な人生を送る輩《やから》もいたが、例えばプロイセンのフリードリヒ二世のごとく、啓蒙的専制君主として内外の統治に優れた実績を残す一方、名人クヴァンツにフルートを習い、ベルリンに宮廷楽団を創設、オペラハウスも建築、大バッハの息子のC・P・E・バッハなどを招聘《しょうへい》、プロイセンに音楽文化の隆盛をもたらしたような聡明な人物も出現した。大バッハことJ・S・バッハの作曲になる《音楽の捧げもの》は彼に献呈された名曲である。

　後述するが、ベートーヴェンから《大公トリオ》を献呈されたウィーンの貴族ルドルフ大公（ルドルフ・ヨハネス・ヨーゼフ・ライナー・フォン・エスターライヒ＝神聖ローマ皇帝レオポルト二世の末子）はピアノの名手で、作曲法もベートーヴェンに師事し、《ヴァイオリン・ソナタ第一〇番》の初演の折、ヴァイオリンの名手ピエール・ロードの相手を務めている。

彼等の音楽の楽しみ方は現代とは異なり、ひたすら鑑賞するだけでなく、演奏するという積極的な楽しみ方をしていたことを忘れてはならない。

プロの音楽家たちは、そのような人びとに楽器奏法の指導をするだけではなく、新作を提供することで生計を立てていたのである。ハイドン、モーツァルト、ベートーヴェンなどは、数知れぬ当時の音楽家のなかのトップ・ランナーのトリオと考えて差し支えない。

身分制の厳しいその時代にあって、音楽家は極めて限られた栄達への職業の一つであった。作曲の才能があれば楽譜を売り、運が良ければ宮廷楽長への道も拓ける。作曲の才能の乏しい音楽家は「楽士」と呼ばれて宮廷楽団のメンバーや教会の歌手として生計を立てる。モーツァルトの父レオポルトはアウグスブルクの製本業者の家に生まれたが、刻苦精励してザルツブルク大司教の宮廷楽団で副楽長の地位を獲得し、ハイドンはオーストリアのローラウの車大工の家系に生まれたが、ウィーンのシュテファン大聖堂の歌手を務めた後、ほとんど独学で作曲法や楽器奏法を修得して、ウィーン近郊の富裕な貴族エステルハージ侯の宮廷楽長に就任している。ベートーヴェンの祖父ルートヴィヒの生家はパン屋とレース織物の卸問屋であったが、彼が五歳のときメヘレンのサン・ロンボー教会付属の聖歌学校に入学、やがてケルン大司教で選帝侯でもあったクレメンス＝アウグストに認められ、居城のあったボンの宮廷楽団のバス歌手の地位を得て、一七六一年四月に新選帝侯マクシミリアン＝フリードリヒが着任して三ヶ月目には宮廷楽長に昇進している。閉塞した絶対王制下の階級社会に生きる庶民たちのなかでは、幸運かつ極めて稀な事例と言っていいだろう。

レオポルト・モーツァルトの野心が息子アマデウスを生み、ルートヴィヒ・ヴァン・ベートーヴェンと同名の祖父の辿った運命が、人類史上空前絶後の巨匠を世に送り出す契機となったのである。

「芸術」となった音楽

音楽を王侯・貴族や富裕層の娯楽の対象物やキリスト教布教のための道具から解放し、全ての人類のための〝芸術品〟にまで高めたのはベートーヴェンである。

バッハやヘンデルの作品には、単なるキリスト教布教のための道具を超えた芸術的価値を持つ音楽も多く、その器楽作品にも芸術品として人類の遺産に数えられるであろう作品は少なくない。ハイドンやモーツァルトの音楽を、娯楽を目的とした作品と見做《みな》すことは、少なくとも現代ではできない。

しかし、ベートーヴェンの出現まで、結果はともあれ、作品を書くという行為は音楽家にとっては〝職人仕事〟であった。基本的には依頼によって作曲する。曲の生命が自分の死後まで続くとは考えない。依頼主の要望に応《こた》え、気に入るように曲想を工夫する。ハイドンは晩年、フリーの作曲家としてイギリスでいくつかの交響曲を作曲、公衆を前に演奏して大成功を収めたが、それは辣腕《らつわん》の興行師ヨハン・ペーター・ザーロモンの仕掛けによるものであった。一八世紀後半のイギリスでは産業革命が進行しており、新たに市民層という階級が誕生していた。農業を経済の基本とするヨーロッパ大陸ではまだ未成熟な豊かな階級を、ザーロモンは巧みに顧客として捉えたのである。

モーツァルトは二五歳でウィーンに移り住んだ後、数年間は大成功を収めた。予約音楽会と称する自作のコンサートで、貴族階級に新作を披露し、莫大な収入を得たのである。しかし三〇歳を過ぎる頃から、彼の音楽には変化が生じた。自分の心情を音楽の中で吐露《とろ》するようになったのである。ロマン派時代には当然とされたこの手法が、貴族制の時代には理解されなかった。

東京大学薬学部の池谷裕二教授の著書『海馬』（糸井重里共著、朝日出版社）などによれば、三〇歳前後、人間の脳内には大きな変化が生ずる。神経細胞同士を繋《つな》げる神経線維《シナプス》の増殖が急増するのである。二〇代までに神経細胞に蓄積された知識と経験が、神経線維によって結合される。判断力とか創作力とかは知識・経験の交叉点＝ネットワークによって生まれるから、三〇歳前後から人間の判断力とか創作力は異次元の展開を見せる。モーツァルトの天才は、結果的には彼に不幸をもたらした。時代を先取りした三大交響曲《第三九番、第四〇番、第四一番》、二つの弦楽五重奏曲《第四番　ト短調》、《第五番　ハ長調》など音楽史上不滅の名作は、誕生が十数年早過ぎたのである。モーツァルトが世を去るころ、ウィーンには彼の晩年の作品を受け入れるべき市民階級が育っていなかった。

一七七〇年代にイギリスで始まった産業革命と一七八九年のフランス革命の影響が次第にヨーロッパ大陸各地に浸透し、農業に基盤を置いた中世の経済が、商工業の比率が高まる近代的経済に移行しはじめたのが一八世紀末から一九世紀のことであった。下部構造である経済の質的転換は、必然的に上部構造である政治制度や軍事、文化、芸術の世界にも変革をもたらす。一八〇〇年前後の十数年、音楽の世界では、豊かになった市民階級が聴き手として貴族階級に加わった。当然、音楽の好みも異なる。モーツァルトが晩年に書いたのは、十数年後に出現するであろう聴衆のための音楽であった。

モーツァルトが孤独死し、亡骸《なきがら》が見送る者もなく共同墓地に埋められる一方、ベートーヴェンの葬儀は二万人ともいわれる人びとの参列のもと盛大に営まれた。その差は作品の質のみではなく、時代の変貌、それも僅か十数年という歳月の流れであった。

モーツァルトは約三〇〇通の手紙を遺しているが、そのなかには「芸術」という言葉が一つもない。しかしベートーヴェンの書簡や日記には「芸術」という言葉が頻出している。例えば、一八一六年のメモ〔おまえの芸術にのみ生きよ！　今はおまえは（耳の）感覚のために大きい制約を受けているが、これがおまえにとって、唯一つの生きかたなのだ〕とか一八一八年の日記の一節〔もう一度おまえの芸術のために、社会生活の些事《さじ》をすべて犠牲にせよ！〕の如く（『ベートーヴェン　音楽ノート』小松雄一郎訳編、岩波文庫）。自らの音楽を芸術作品として位置づけるという心理は、この二人の生きた時代的背景によるものか、二人の個性と意識に起因するものか、理由は明確ではない。しかし、ベートーヴェンという作曲家が時代の変革期に誕生し、音楽を芸術作品に位置づけたという歴史的な偶然は、人類が長く記憶に留めて然るべき事実である。

第4章　ベートーヴェンの初期

社会の変革とその背景

ベートーヴェンの人生は通常、初期、中期、後期の三つの時代に区分されている。初期は一八〇二年、ベートーヴェンの三二歳頃まで。作品にはハイドンやモーツァルトの影響が残っており、当時の貴族階級や富裕層のサロン・コンサート向きと考えられる音楽も少なくない。

ベートーヴェンは、そのピアニストとしての腕前と卓越した即興演奏の素晴らしさによって、パトロンたちからサロンに招待されることが多かったが、次第に弾くことに強く抵抗を感じるようになった。友人のヴェーゲラーに、〔指が痛かろうが、爪の下で血管がずきずきしようが、みんなが自分にピアノを弾かせようとするんだ〕とこぼしている。彼は貴族たちが自分を受け入れてくれるのは、自分の人間としての性質や価値ではなく、単なる才能のせいだと知っていたのである。ハイドンやモーツァルトは、そのような身分制社会を当然のこととして受け入れていたが、ベートーヴェンは、単に生まれが貴族の家系というだけで、同じ人間が特別な価値ある存在として扱われるということに我慢ができなかった。

中世以来の絶対王制と身分制度はこの時代も続いていたが、見えないところで時代は変革の兆しを見せていた。若き日のベートーヴェンは、貴族の庇護《ひご》を受けて生活しながら、時代の変化を皮膚感覚で感じ取っていたのかもしれない。しかも、年齢は三〇歳前後——前述のように、脳の神経線維が急速に増殖をはじめ、判断力や創作力が激増してくる時期にも当たっている。

起爆剤となった社会現象は三つある。第一はイギリスに発生した産業革命、第二はイギリスなどで生まれた啓蒙思想の普及とドイツで巻き起こったシュトゥルム・ウント・ドラング＝疾風怒濤と呼ばれる文学革命運動、第三は絶対王制と貴族政治に止《とど》めを刺したフランス革命である。

第一の産業革命は一七八〇年前後、綿工業の機械化を中心に進行した。イギリスで伝統的な産業であった毛織物工業の技術が綿織物工業に転用されたところから始まり、紡績部門と織布部門で交互に画期的な技術革新が発生、結果として産業界に爆発的な成長が起こった。その少し前、一七六五年から六九年にかけて、スコットランド出身の機械技術者ジェームズ・ワットが蒸気機関を改良して特許を取得、八一年にはクランクの装置を発明して、蒸気機関の往復運動を回転運動に変えることに成功した。利用範囲を飛躍的に拡大させることで、産業革命の技術的基礎を築いた。

下部構造である経済の基盤が農業から工業に移行することにより、農村からの年貢に依存している貴族や僧侶たちの経済力は、工業関係者や流通関係に携わる一般市民階級に比較して劣位になる。一八世紀末から一九世紀初頭にかけて起こった歴史上の大事件、市民階級の勃興である。

生活にゆとりができた市民階級は、かって羨望の的であった貴族たちの娯楽をわがものにせんと試みる。その最大なるものの一つがオペラとコンサートの鑑賞である。更に、富裕な市民は邸宅などでサロン・コンサートを催す。レヴェルは宮廷楽団やオペラ劇場を邸内に持っていた貴族階級には及ばないかもしれないが、数の上では前の時代を遥かに上廻った。音楽家たちにとっては、新しい市場が出現したに等しい。一九世紀の初頭、ウィーンやパリをはじめとする都市には、厖大《ぼうだい》な音楽市場が広がった。特にオペラに対する需要の増大は凄まじかったらしい。人気作曲家であるロッシーニなどは、新しい序曲を書いている時間の余裕がなく、同じ序曲を何曲かの新作で使いまわしていた形跡がある。有名な《歌劇「セビリアの理髪師」序曲》は四曲のオペラで使われていたといわれる。

経済界の変動に先駆けて、イギリスとオランダで一七世紀末におこり、一八世紀にはフランス、ドイツに波及し、フランス革命の原動力ともなった啓蒙思想が、専制君主制から近代社会成立への起爆剤となっている事実は見逃せない。

啓蒙思想は教会の権威をはじめ、従来の政治・社会制度などあらゆる旧習を批判し、人間的・合理的・自然主義的な理性に基づく新文化の形成を目指す新しい思潮で、ロック、ヴォルテール、モンテスキュー、ディドロ、カントなどがその普及を担い、それによって民衆を啓発しようという思想運動である。一八世紀には、後進国に啓蒙専制君主と呼ばれる開明的な人物、プロイセンのフリードリヒ二世、神聖ローマ帝国のヨーゼフ二世、ロシアのエカテリーナ二世などが現われ、国民生活の安定化など、上からの近代化を目指すようになった。

ベートーヴェンは当初ウィーンで、貴族をパトロンとして名声を高めていったが、時代の変遷と風潮の変化は、鋭敏な感性で把握していた。出自を絶対視する貴族政治の不合理さに、彼は次第に我慢ができなくなっていく。

現在、民主主義は当然のこととして人びとに受け容れられているが、それは二〇〇年余り前からのことで、身分と生まれが人生を支配してきた歴史の方が圧倒的に長い。

このような、世界史の流れを一変させたのが一七八九年に勃発したフランス革命であった。しかし、この年の七月一四日、バスチーユ監獄の陥落に端を発したこの革命が完全な形で共和制に移行するまでには九〇年に近い歳月が必要であった。革命政府が恐怖政治を敷き、一七九九年のブリュメールのクーデターでナポレオンが革命を終息させる。更に一八〇四年に彼は皇帝に就任、没落するまでの一〇年間、反革命のヨーロッパ諸国と戦い続けることになる。

フランス革命とナポレオン戦争、オーストリアのハプスブルク家を中心とする保守反動政権――しかし、時代はもとには戻らない。そのような波乱万丈の世の中をベートーヴェンは生きてゆくことになる。

最初のピアノ・ソナタ

作品1の《ピアノ三重奏曲・全三曲》の出版成功の後、ベートーヴェンは作品2として、得意な楽器＝ピアノをソロ楽器とする三曲セットの《ピアノ・ソナタ》を発表した。作曲年は作品1とほぼ同時期の一七九三年から九五年で、一七九五年の八月、ハイドンのウィーン帰還を記念してリヒノフスキー侯爵邸で私的に催されたサロン・コンサートにおいてベートーヴェン自身の手で初演され、師匠であるハイドンに献呈された。

ハイドンに師事するためにウィーンに移住したベートーヴェンであったが、何故かハイドンとは反《そ》りが合わなかったらしい。記録として残っているベートーヴェンの作品の誤りに、ハイドンが施した修正が不充分であったり、教え方に手抜きをした形跡が窺われるのである。作品1、特にベートーヴェンの自信作であった《ピアノ三重奏曲第三番　ハ短調》に対するハイドンの否定的見解も、彼の自尊心を傷つけていた。弟子の才能に対する嫉妬心とも感じていたふしがある。作品1の献呈先が師匠のハイドンではなく、スポンサーであるリヒノフスキー侯爵であったことにも、ベートーヴェンの微妙な心の揺れが感じられる。

ハイドンに献呈されはしたものの、作品2の《ピアノ・ソナタ・全三曲》は、前章でも述べたように師匠のハイドンや先輩のモーツァルトの古典的ソナタには見られない新機軸が数多く認められる。

第一は四楽章制という、楽曲の大きな構成である。四楽章制はそれまで、交響曲か弦楽四重奏曲という分野にしか採用されてこなかった。

第二は第三楽章にスケルツォ（諧謔《かいぎゃく》曲）を設けたこと。正式にスケルツォと表示されているのは《第二番》《第三番》であるが、《第一番》のアレグレットは、従来のウィーン古典派の常識であった優雅なメヌエットから逸脱した諧謔的な意味合いの濃い、スケルツォ的な楽章になっている。

第三は調性。特に《第一番》は、前述のボン時代に書いた三曲の《選帝侯ソナタ》の《第二番》に使われたへ短調で書かれている。フラット四つという、ハイドンもモーツァルトも使わなかったこの調性の採用は、全体の規模の大きさとともに、明らかに両者の古典的なソナタに対する挑戦の意図を秘めていたと考えても誤りではあるまい。

ベートーヴェンはこのソナタ集の出版に際して、ハイドンに献呈はしたものの、師事したことへの謝辞は書き添えていない。「意味深長」と言っても差し支えないと思う。

ベートーヴェンはこの頃ウィーンで、比肩するものなきピアノ・ヴィルトゥオーゾという名声をわがものとしていた。作曲の上でも、彼は革新の動きを見せることとなる。

初期の傑作群と器楽世界の確立

ベートーヴェンの作曲家としての〝初期〟は一八〇二年、三二歳頃までと考えられている。

ピアニストとして、当時稀にみる超絶技巧と、ボン時代にオルガニストとして身に付けた即興演奏の卓越した技法によって、ベートーヴェンはウィーンに移住後、たちまちのうちに貴族社会の寵児となった。処女出版である作品1、三曲の《ピアノ三重奏曲》も大成功を収める。ハイドンの危惧した《第三番　ハ短調》の評判も上乗であった。

一七九六年の二月、ベートーヴェンはリヒノフスキー侯爵とともに旅に出る。行く先はプラハ。

そこでリヒノフスキー侯爵と別れたベートーヴェンは四月中旬まで、モーツァルトと親しい間柄だったドゥシェク夫人など、音楽愛好家の貴族たちと二ヶ月余りを過ごしている。

フリードリヒ２世

旅は更に続く。彼はドレスデンからライプツィヒを経て最終目的地であるベルリンに向かい、七月下旬まで滞在した。そこでベートーヴェンは、プロイセンのフリードリヒ大王の甥にあたる国王フリードリヒ・ヴィルヘルム二世の宮廷で数回にわたり御前演奏を行なう。フリードリヒ・ヴィルヘルム二世は自らもチェロを演奏する音楽愛好家であったが、宮廷楽団の首席チェロ奏者であるJ・P・デュポールとベートーヴェンが演奏した作品5の1と2の二曲の《チェロ・ソナタ》に大変感銘を受け、この作品の献呈に対する報酬として、ルイ金貨をいっぱいに詰めた金の煙草入れをベートーヴェンに与えたといわれる。

チェロとピアノのためのソナタを、ハイドンもモーツァルトも書いていない（バッハはヴィオラ・ダ・ガンバとチェンバロのためのソナタを作曲しているが）。メジャーな作曲家のいわゆる《チェロ・ソナタ》は、この二曲をもって嚆矢《こうし》とする。

この前後、一七九六年から九九年にかけて、ベートーヴェンは《弦楽セレナーデ　ニ長調》（作品8）や三曲の《弦楽三重奏曲》（作品9）、《ピアノ・ソナタ第八番　ハ短調「悲愴」》（作品13）、《ピアノ三重奏曲第四番　変ロ長調「街の歌」》（作品11）などの名曲を次々に発表している。ウィーン宮廷楽長のサリエリに献呈された三曲セットの《ピアノとヴァイオリンのためのソナタ》（作品12）もこの時代の作品である。一七九九年には《弦楽四重奏曲・全六曲》（作品18）が発表された。

ベートーヴェンはモーツァルト級の〝神童〟ではなかったが、いくつかのジャンルで、書かれた作品がすべて第一級で、「全集」として後世演奏されるようになった稀有の作曲家である。《交響曲》全九曲、《ピアノ協奏曲》全五曲、《弦楽四重奏曲》全一六曲、《ピアノ三重奏曲》全七曲、《ピアノとヴァイオリンのためのソナタ》全一〇曲、《ピアノとチェロのためのソナタ》全五曲、《ピアノ・ソナタ》全三二曲など――。

マリア・テレジア

サリエリ

三〇歳前後の一八〇二年までに、《交響曲第一番、第二番》、《ピアノ協奏曲第一番、第二番》が誕生した。《ピアノとヴァイオリンのためのソナタ第五番　ヘ長調「スプリング」》、《ピアノ・ソナタ第一四番　嬰《えい》ハ短調「月光」》や《同第一五番　ニ長調「田園」》もこの時期の作品である。

なかでも一八〇〇年、神聖ローマ帝国皇帝フランツ二世の皇后マリア・テレジアに献呈された弦楽器と管楽器による《七重奏曲　変ホ長調》（作品20）は爆発的な人気を博し、彼のもとには同様の曲の作曲依頼が殺到する。ベートーヴェンはこの曲が初演されたとき、「これが私の《「天地創造」》だ」と叫んだと伝えられている。彼は師匠のハイドンが書いた《オラトリオ「天地創造」》を強く意識していたのである。

ベートーヴェンが成し遂げた偉業の一つは、初めて器楽に創作の重点を移したという点である。

バッハはもちろん、ハイドンやモーツァルトも、音楽創作にあっては、声楽作品が器楽に並ぶか、それ以上の重要さを保っていた。

西欧クラシック音楽の原点は、中世のグレゴリオ聖歌である。キリスト教がヨーロッパの精神世界を支配していた頃、音楽は神の言葉を信者により明確に伝える〝道具〟にすぎなかった。音楽は単独では賤《いや》しいものと考えられていたのである。あくまで神の声を伝達する補助的手段とされていた時代が何百年か続いていた。

言葉を持たない純粋器楽が教養や娯楽の手段として表舞台に登場してきたのは、王侯・貴族等の世俗的階級が圧倒的な経済力と軍事力を背景に権力を持ち、教会と拮抗《きっこう》し、文化や娯楽の概念が一変した一六世紀末のバロック時代からである。

しかし、教会はまだそれなりの権力を保持し続けており、バッハやヘンデルの作品には声楽を伴う宗教音楽が多いし、一六世紀末から一七世紀の初頭にかけ、文芸復興《ルネサンス》の名のもとに、イタリアのフィレンツェで劇に音楽を付与する歌劇《オペラ》という新しい娯楽分野が登場し、声楽はますますその勢いや魅力を加えていくことにもなった。

一七五〇年のバッハ没後、音楽はバロック時代からウィーン古典派時代に移行するが、時代の担い手であるハイドンやモーツァルトの作品には声楽が多く、声楽が音楽の根幹を成すという考え方から脱脚していない。

ベートーヴェンは、そのような風潮を一変させた最初の作曲家であった。音楽の主体を声楽から器楽に転換させた〝革命児〟と評しても過言ではない。彼の人生において、何度か決定的な役割を果たした作品は、例外なく器楽作品であった。しかも、作品の多くは、パトロンである貴族の注文によるものではなく、自らの創作意志が優先されたものであった。

耳疾を支えた名医と恋人

一七九二年の一一月にウィーンに移り住んで以来、向かうところ敵なしの快進撃を続けていたベートーヴェンを病魔が襲う。しかもそれは、音楽家にとって致命傷ともいうべき耳疾《じしつ》であった。

彼は一八〇一年六月末、ボン時代からの友人である医師のヴェーゲラーに、また七月一日にはラトヴィア生まれでウィーンに来てロブコヴィッツ侯爵家の家庭教師となったカール・アメンダに、自分の聴覚の異常について書簡で訴えている（以下『新編　ベートーヴェンの手紙』小松雄一郎編訳、岩波文庫を一部改変）。

〈妬み深い魔神《デモン》、病気が、わが前途に難問を投げかけている。というのは、ぼくの聴覚が、この三年この方だんだん弱っているのだ。……耳の方は、昼夜を分かたずざわめき、ぶつぶついっている。僕は惨めな生活を送っていると言うべきだろう。僕は自分の耳が聴こえないとはとても人には言えない。……僕はこれまで幾度か——創造主と、僕のこうした存在とを呪った。……諦め！　なんと悲惨な逃避手段だろう。しかもそれが僕に残された唯一の道だ〉（フランツ・ゲルハルト・ヴェーゲラー宛書簡。一八〇一年六月二九日付）

〔僕は今まで幾度か創造主を呪った。彼は己が創造物を最も取るに足らぬ偶然の手に任せる。そのためしばしば最も美しい花が吹き散らされ、折られてしまうのだ。考えてもみよ、僕の最も貴重な所が、聴覚が、ひどく衰えてしまっているのだ。……僕の耳のことはごく秘密にして、どんな人にも決して話さないでくれ〕（カール・アメンダ宛書簡。一八〇一年七月一日付）

この二通の手紙によれば、ベートーヴェンは一七九八年頃から聴覚の異常を自覚していたようである。

難聴の原因について、ベートーヴェン自身はヴェーゲラーへの書簡のなかで、主治医の判断として、ボン在住の頃から悩まされていた腸の疾患＝常習的な下痢ではないかと記している。しかし、腸の手当てをしても耳疾に改善は見られなかった。

彼は聴覚障害の徴候が現われた最初のうち、狼狽《ろうばい》して、何人かの医師を訪ねて診断を仰いだらしい。しかし事態は改善しない。

一八〇一年、ベートーヴェンは名医ヨハン＝アダム・シュミットと出会う。シュミットはベートーヴェンの耳疾を治療することは出来なかったが、彼の不安を和《やわ》らげ、精神状態を安定させる。更にベートーヴェンの前には、愛らしい恋人が出現した。

〔僕はこれまでより人と交わるようになって、今またいくらか愉快に生活している。この二年来いかに荒涼たる悲惨な生活を送ってきたことか、ほとんど君の想像に余るものがあるだろう。……今度の変化は、一人の愛らしい魅惑的な乙女のせいなのだ。――彼女は僕を愛してくれ、僕もまた愛している。二年ぶりでまた幾らか幸福な瞬間を楽しんでいる。結婚して幸福になれるだろうと考えたのは、今度初めてだ。ただ遺《い》憾《かん》なことは、身分が違うのだ。――で今は――結婚なんかもちろんできないだろう〕

（ヴェーゲラー宛書簡。一八〇一年一一月一六日付）

〔一人の愛らしい魅惑的な乙女〕とは伯爵令嬢ジュリエッタ・グイッチャルディを指すものと考えられる。彼女は当時一六歳。ベートーヴェンのピアノの弟子だった。しかし、コケティッシュに彼の気を惹いただけで、一八〇三年、凡庸な音楽家ガーレンベルク伯爵と結婚した。彼女はベートーヴェンから《ピアノ・ソナタ第一四番　嬰ハ短調「月光」》を献呈され、後世までその名を残すことになる。また、《ヴァイオリン・ソナタ第五番　へ

医師シュミット

ジュリエッタ・グイッチャルディ

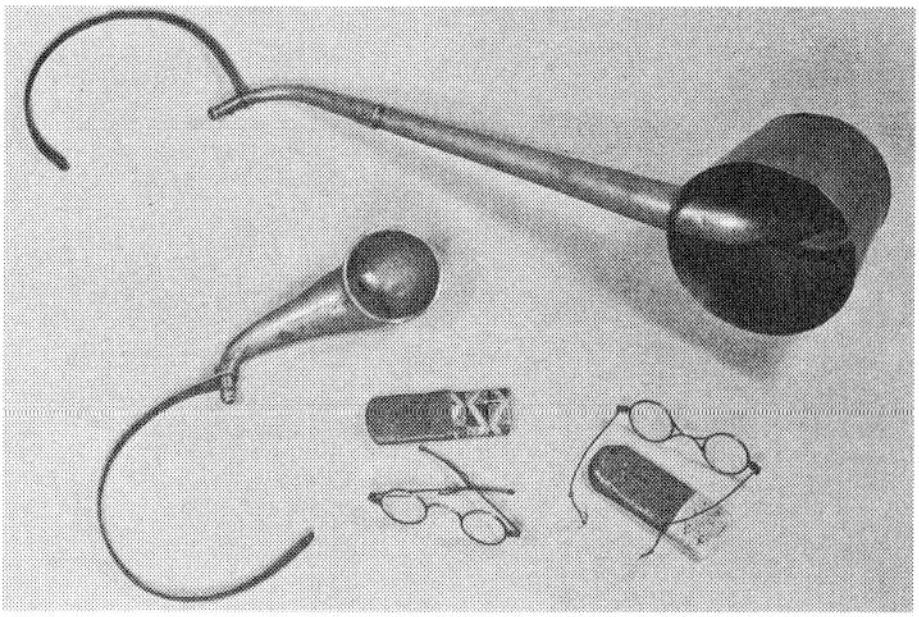

ベートーヴェンの補聴器とめがね

長調「スプリング」》はこの時期の作品で、ジュリエッタとの恋の楽しい感情の産物といわれている。

耳疾に悩まされ、苦しみに耐えてきた数年間であったが、ベートーヴェンにとってこの時期は、非常に高い生産性と豊かな創造力が発揮された歳月であった。この時期の作品は、ハイドンからモーツァルトを経て継承されてきたウィーン古典派の伝統を、ベートーヴェンが完全にわがものにしたことを立証するとともに、彼が自らの個性によって新しい様式を生み出したことを示している。

先のヴェーゲラー宛に出した書簡のなかにも〈僕は完全に自分の音楽の中に生きている〉と書き、更に〈僕は一曲を完成するかしないかのうちに次の曲の作曲を始めているのだ。現在の作曲の進め方では、僕は三つか四つの作品をよく同時に作曲している〉と書いている（メイナード・ソロモン『ベートーヴェン』）。

ベートーヴェンの並はずれた創造力を見せつけられると、耳疾という、音楽家にとって致命傷ともなり兼ねない危機が、桁外れの創作力にとって必要条件ではなかったかという疑問さえ湧いてくる。

前述のように、人間の脳内では三〇歳前後に脳細胞の間を結ぶシナプスが爆発的に増え、脳細胞のなかに知識・経験として蓄えられた情報が交錯し、判断力、決断力、創造力が急増する。体力も充分あるので、発想豊かな人物には作品の量産が可能である。

かって「芸大のモーツァルト」と渾名《あだな》された作曲家で、東京藝術大学名誉教授の佐藤眞《しん》は、「三〇代だったら、毎週一曲ずつピアノ・ソナタを作ることも出来る」と語ったことがある。「ただし、それが傑作であるか否かは保証の限りではないが」という注釈つきであったが。

ハイリゲンシュタットの遺書

一八〇二年の四月末か五月から、ベートーヴェンは主治医のシュミット博士の勧めで、ウィーン郊外のハイリゲンシュタットに約半年間隠棲した。シュミット博士はウィーンでの日常生活の苛立ちを避けるために、しばらく田舎で静養するように忠告を与えたのであろう。

ハイリゲンシュタットはその頃は静かな田舎町であった。緑野が広がり、散歩にも入浴にも適し、近くには後年《交響曲第六番　へ長調「田園」》（作品68）の構想を練ったヘレネンタールの静かな谷があった。ウィーンまでは馬車で約三〇分の至近距離に位置している。

通称「ハイリゲンシュタットの遺書」には一八〇二年一〇月六日と一〇日の日付があり、宛先は「わが弟カール」と「空白」。空白の部分は「弟ヨハン」の名が削られている。しかも、空白のほかに、他の第三者を意識して書かれた部分があり、宛先はわからない。

この書簡はベートーヴェンの死後、残された書類のなかから偶然に発見されたもので、投函された形跡はない。「遺書」というタイトルはなく、後世の人がそう称しているだけである（以下『新編 ベートーヴェンの手紙』を一部改変）。

〔わが弟カールと＊＊＊に。

おお！ おまえたち、おまえたちは僕を意地悪で、強情っ張りで、人間嫌い扱いにし、またそう公言してきたが、それは僕に対しどんなに不当な扱いであったことか。僕がなぜそんな人間に見えるかという隠れた原因をおまえたちは知らぬのだ。幼い時から僕の心も思いも人には優しく、好意に溢れる感情で、立派なことをしたいと常に志してきた。だが考えてもみよ、六年このかた不治の病に冒され、愚かな医者どものためいっそう病を募らせ、来る年も来る年も良くなるとの希望に欺かれ、ついには慢

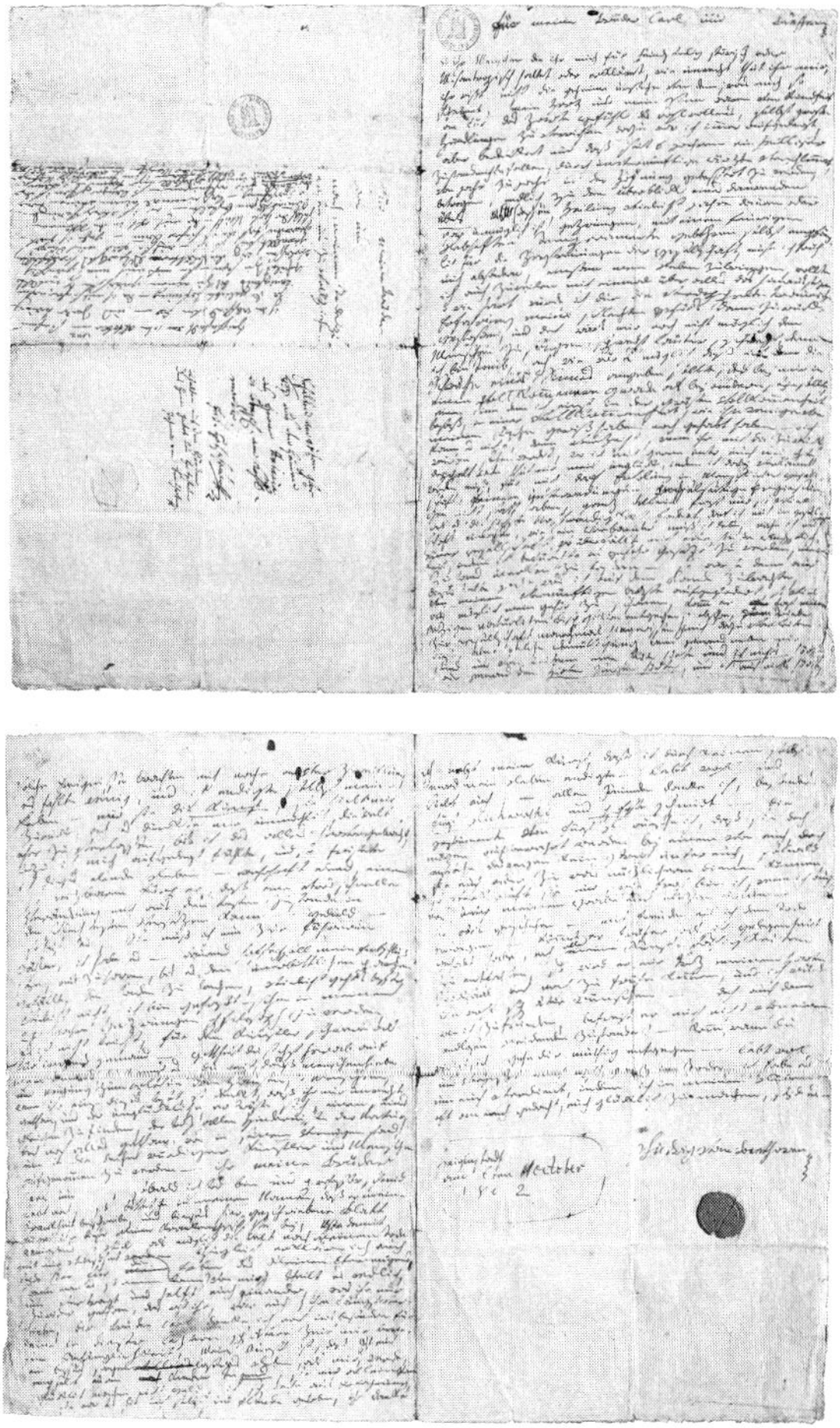

「ハイリゲンシュタットの遺書」

性的な患いになると覚悟せざるを得なくなった（良くなるにしてもおそらく数年を要し、あるいは全く駄目かもしれぬ）。燃ゆるような、快活な気性に生まれつき、人と交わる喜びを楽しむほうでいながら、若い身で自ら隠遁し、孤独の生活を送らねばならなかったのだ。また時としては、総《すべ》てに超絶せんとしたが、おお、耳が悪いという暗《あん》澹《たん》たる現実が、二倍にもなって無惨にはね返ってきた。だが、わたしは耳が聴こえません。もっと大きな声で話して下さい、どなって下さい、とは言えたものではない。ああ、僕にとっては、ほかの人々に較べてより優れて、完全であるべき一つの感官、かつては申し分のない完璧さであった感官、それこそは、僕と同じ専門の仕事に従っている、僅か少数の人だけが現在享有しており、あるいはかつて享有していた人があったというほど完璧であったその感官の衰えを、人に自ら知らせるなど、どうしてできようか――おお、僕にはそれはできない。……僕には友と寛《くつろ》ぎ、精妙な談話を楽しみ、感情を吐露し合うことはできないのだ。……僕の側《そば》に立っている誰かに遠くから響いてくる横笛《フレーテ》の音が聞こえているのに、僕には何も聞こえなかった時、また、誰かが牧人の歌っているのを聞いているのに、それも僕に聞こえなかった時、それは何たる屈辱だったろう。たびたびのこうしたことで、僕はほとんど絶望し、もう少しのことで自殺するところだった。——ただ彼女が——芸術が——僕をひきとめてくれた。ああ、僕には自分に課せられていると感ぜられる創造を、全部やり遂げずにこの世を去ることはできないと考えた。だからこそこの惨めな生命を——実に惨めな——何か急激な変化でもあれば、もっとも良い状態から、最悪に変わるこの感じやすい体で、持ちこたえてきたのだ。——忍耐せよ——と人は言う。僕も今やそれをわが導き手に選ばなければならない。僕は耐え忍ぶ力をもっている。——願わくは、この決心を、無慈悲な運命の女神が生命の糸を断ち切ろうとするまで、持ちこたえさせたまえ。今よりは良くなることがあるやもしれず、またその反対かもしれぬ。覚悟はできている。

……

ルートヴィッヒ・ヴァン・ベートーヴェン
ハイグル《ママ》ンシュタット
一八〇二年一〇月六日
封印〕

巷間、「遺書」と呼ばれている書簡であるが、ベートーヴェン自身はこれを「遺書」と

ハイリゲンシュタットの教会

は名付けておらず、内容も明らかに「遺書」ではない。文面は悲痛であるが、実質的には絶望感を克服したあとの、芸術に生きるという決意を表明した文書と考えられる。

宛先は当初、カールとヨハンにと書かれているが、後にヨハンの名が削られている。引用を省略した遺産分けの部分に関連しているのかもしれないし、そうではないかもしれない。

とにかく彼は数年の間、耳疾の悩みを抱えながらこの遺書を書く前の年、一八〇一年には《ピアノ・ソナタ第一四番　嬰ハ短調「月光」》と《同第一五番　ニ長調「田園」》を作曲しているし、明るく清澄な《交響曲第二番　ニ長調》も書いている。そして何よりも、彼自身にとっても、クラシック音楽界にとっても革新的な音楽――《交響曲第三番　変ホ長調「英雄《エロイカ》」》の作曲が始まっているのである。「ハイリゲンシュタットの遺書」の書かれた意図は明白と言い切っていいかもしれない。

ベートーヴェンはこの頃三〇歳前後、前述のような脳細胞変化の時期を迎えていた。しかも時代はフランス革命とナポレオンの登場という未曾有の変革期に当たっている。自身の耳疾という、筆舌に尽くし難い苦悩を抱えて、彼は創造の世界を生きて行くことになる。

ハイリゲンシュタットの風景

彼の聴覚障害について、当時の医学では原因の究明ができていない。

彼の死体解剖の所見には、〈聴神経は……しなびて貧弱であった。それに付随する動脈は拡張していてカラスの羽茎よりも太くなり、軟骨化していた〉（ソロモン『ベートーヴェン』）とあるが、専門の医学者たちの意見は「耳硬化症」、「聴神経炎」、「迷路炎」、「中耳炎」などとさまざまである。

前述のように、辛い症状は一七九七年か一七九八年、彼が二七歳か二八歳の頃に現れているが、進行はゆっくりで、症状もまたさまざまであった。耳の中でブンブン言ったり、リンリン鳴ったり、ほかの雑音が入ってくるといった状態で、それも極めて不愉快な病状が間欠的に現れていたようである。

そんな症状に悩まされながらも彼は一八〇〇〜〇一年に、後に《スプリング・ソナタ》と言われる《第五番　ヘ長調》のヴァイオリン・ソナタを書き、一八〇一〜〇二年に《第六番　イ長調》、《第七番　ハ短調》、《第八番　ト長調》の三曲セットのヴァイオリン・ソナタを作曲して、ロシアの皇帝アレクサンドル一世に献呈している（スケール広大な《第七番　ハ短調》のみが現在、通称「アレクサンダー」と呼ばれているが、実際は三曲のセットであった）。

この三曲は第五番の《スプリング・ソナタ》とともに、ピアノとヴァイオリンのためのソナタ史に一石を投じたもので、特にヴァイオリンの奏法に進展が著しい。モーツァルトの中期までの作品のように、音楽の主導権がピアノにあり、ときにヴァイオリンがオブリガート（助奏）として扱われた音楽から、両楽器がほぼ対等の立場に立つ二重奏ソナタの様式が確立しはじめたのである。

ピアノとヴァイオリンが対等の立場に立つのみならず、二つの楽器が協奏曲のごとく拮抗し、ときに一丸となって理想とする音楽を追求するスタイルを確立したのが《第九番イ長調「クロイツェル・ソナタ」》（作品47）である。初版譜の表紙には、作曲者自身により「極めて協奏的なスタイルで書かれた」というイタリア語の説明が載っている。

作曲されたのは《第五番》の三年後——ベートーヴェンの、いわゆる「初期」の最後を飾る作品か、あるいは「中期・傑作の森」の冒頭となる作品か。いずれにせよ、彼自身の作曲歴の上でも、音楽史の上でも、画期的な大傑作であることに間違いはない。この作品の登場によって、通称「ヴァイオリン・ソナタ」のサロン音楽的な性格は完全に払拭《ふっしょく》されたと言っていいだろう。

ブリッジタワー

作曲の動機は一八〇三年の春、ジョージ・ポルグリーン・ブリッジタワー（一七七九～一八六〇）というポーランドでヨーロッパ人の母とアフリカ系黒人の父の間に生まれたヴァイオリニストのウィーン訪問であった。ブリッジタワーは当時、イギリスのウェールズ公の所有する管弦楽団のコンサートマスターの地位にあり、ベート

クロイツェル

ーヴェンはウィーンのリヒノフスキー侯爵を介して知り合う。

ブリッジタワーと共演する五月二四日のコンサートのために、ベートーヴェンはヴァイオリン・ソナタの新作に取り組んだ。二人は曲想について相談した形跡はあるが、当日はインクの乾ききらない自筆のスコアと、弟子のフェルディナント・リースが寝る間も惜しんで浄書したヴァイオリン・パート譜によって、ブリッジタワーは初見同様の状態で本番に臨んだといわれている。

しかしコンサートは大成功を収めた。この曲の第三楽章には、一八〇二年の五月以前に作曲された《ヴァイオリン・ソナタ第六番　イ長調》（作品30－1）の第三楽章が、そのまま転用されている。この曲が《第六番》の第一、第二楽章と曲想が合わなかったので、ベートーヴェンが後日、改めて《第六番》の第三楽章を改作したという説と、当日のコンサートに間に合わなかったので、同じ調性の《第六番》の最終楽章を転用したという異説があるが、他の楽章の仕上がり具合からみて、恐らく「間に合わなかった」というのが真相に近いと思われる。

ブリッジタワーはこのあと、或る少女を巡ってベートーヴェンと諍《いさか》いを起こし、二人は不仲になって、ブリッジタワーはウィーンを立ち去る。ベートーヴェンは改めてこの曲を、当時フランス最高のヴァイオリニスト、ルドルフ・クロイツェルに献呈したが、クロイツェルはこの曲にまったく理解を示さず、コンサートで採り上げることはなかった。もしかしたらクロイツェルは、初演者が自分でなかったことを知って、ヘソを曲げたのかもしれない。

このジャンルの音楽に革命を起こし、古今最高の名作といわれている《クロイツェル・ソナタ》を、被献呈者のクロイツェルが一度も弾かなかったというのは、この時代の雰囲気を伝える恰好の物語と言えるかもしれない。

弦楽四重奏曲の誕生

弦楽四重奏曲はもっとも純粋で、内容が高度な音楽である。弦四部は絵で言えば墨絵かデッサン、モノクロームの世界――管楽器やピアノは色彩《カラー》の要素になる。他の楽器が入ると作曲者はその効果に頼ろうとする。面白い曲は出来るかもしれないけれど、中味がどうしても薄くなる傾向がある。作品の精神内容と作曲技法の優劣がもっとも顕著に表れるジャンルが弦楽四重奏曲だと言っても過言ではない。

前述のごとくこの時代、多くの作曲家は作品1に弦楽四重奏曲を選んだ。しかし現在、演奏家のレパートリーのなかで残っているのはハイドンとモーツァルト、そしてベートーヴェンの作品しかない。


弦楽四重奏曲の創始者はハイドンである。一七八一年、ハイドンは六曲セットの《ロシア四重奏曲》を発表——それを知ったモーツァルトは弦四部という楽器構成が創出する超高度の音楽の可能性を認識した。

モーツァルトは一七八五年まで、彼としては四年前後という珍しく長い歳月をかけて六曲の弦楽四重奏曲を完成、これをハイドンに献呈した。通称《ハイドン・セット》の誕生である。極め付きの名作であるが、苦心惨憺の作品だけに「モーツァルトらしくない」という印象が私には残る。

献呈されたハイドンは、その頃ウィーンを訪れていていたモーツァルトの父レオポルトに、「お子さんのような天才は、これから一〇〇年後も現れないでしょう」と讃辞を呈したが、その後、《「騎士」》、《「五度」》、《「皇帝」》、《「日の出」》など、数多くの名作を作曲した。後輩のモーツァルトの作品に、強い刺激を受けたからに間違いはない。

作品1を発表した頃、ベートーヴェンはこのジャンルでは自分の技量が二人の先輩に及ばないことを自覚していた。

彼は市販されていたモーツァルトの《ハイドン・セット》のなかからパート譜の《第一四番　ト長調》（K387）、《第一八番　イ長調》（K464）などを入手、それを自らの手で総譜に仕上げることによって、先輩の作曲技法を身に付けていく。教科書の無い時代、筆写は技法修得のためには最高の手段であった。ベートーヴェンは、用紙と筆蹟の鑑定によれば、一七九四年にハイドンの《第三二番　変ホ長調》（作品20－1、名称は「ディヴェルティメント」）の筆写も行なっている。


彼は一七九八年夏の頃から六曲セットの弦楽四重奏曲の作曲を開始した。ハイドンとモーツァルトによって伝統的な枠組みが確立したこのジャンルに、どのようにして革新的な曲想を持ち込めるか――挑戦のはじまりである。そして、この挑戦は作曲者の生涯の最後まで続くのである。

弦楽四重奏曲はその頃、専門家や高度の教養を持つ貴族の手によって演奏されていた。

繊細かつ高度に洗練されたこの分野に挑戦するため、ベートーヴェンは「デスク・スケッチ帳」と呼ばれる綴じたスケッチ帳を使い始める。この手法はその後、彼の作曲手法の大切な一翼を担うことになった。

最初のスケッチ帳「グラスニク1」のなかに《弦楽四重奏曲第三番》のスケッチがある。さまざまな作品とスケッチ帳を対照することによって、弦楽四重奏曲の正確な作品年代が判明する。

ベートーヴェンは初期の創作のなかで、交響曲と弦楽四重奏曲という二つのジャンルの作曲を最後まで保留している。それは、この二つの分野の新作に要求される作曲技法と内容の高さを熟知していたからにほかならない。

彼は一七九九年の一月に《第三番》をニ長調の曲として完成、以後、一八〇〇年の九月までに六曲のセットを書き上げている。出版は一八〇一年。作曲の動機は一七九八年夏、ロブコヴィッツ侯爵のハイドンとベートーヴェンへの作曲委嘱による。

初期の弦楽四重奏曲六曲のセットは、ハイドン、モーツァルトなどウィーン古典派の作曲様式を忠実に継承しているが、随所にベートーヴェンらしい独創性と閃《ひらめ》きが認められる、当時としては画期的な作品群であった。初演の日時ははっきりしないが、恐らくロブコヴィッツ侯爵邸のサロンでヴラニツキーらによって行なわれたものと推測される。好評を裏書きするように、出版前にベートーヴェンは私的なサークルで、親友のヴァイオリニスト、イグナッツ・シュパンツィヒなどに盛んに演奏させたようだ。

最初の弦楽四重奏曲集を書き上げた六年後、一八〇六年の四月から一一月までの間に、ベートーヴェンは三曲の弦楽四重奏曲（第七～九番）を一気に作曲した。

彼がこの分野に再び関心を示したのは、友人のシュパンツィヒが組織した弦楽四重奏団が一八〇四～〇五年のシーズンに予約音楽会を開催しはじめたからといわれている。演奏会という場では、貴族のサロンとは異なり、オーケストラのような音量と演奏技巧が要求される。シュパンツィヒの弦楽四重奏団の持つ高度の技量が、ベートーヴェンの創作意欲を刺激したであろうことは充分考えられる。

シュパンツィヒ

シュパンツィヒの楽団は一八〇四年にウィーン駐在のロシア大使アンドレイ・キリロヴィッチ・ラズモフスキー伯爵と専属契約を結び、一八〇八年には終身契約とな

ラズモフスキー伯爵

った。ラズモフスキー伯爵は自身もヴァイオリンを弾く高度の音楽愛好家で、彼がベートーヴェンに作曲を依頼したことは想像に難《かた》くないが（この三曲はラズモフスキー伯爵に献呈されたため、「ラズモフスキー」と呼ばれる）、ベートーヴェンの創作意図は明らかにプロ集団、それも熟練した合奏能力を持つ音楽家の演奏を前提とするものであった。緻密な各声部の書法や微妙な和声変化に加え、外面的な華やかさも兼ね備えている三曲は、弦楽四重奏曲の性格を高度なアマチュアの娯楽から飛躍させて、プロの手による音楽鑑賞用のコンサート曲に変質させることになる。

しかし、この曲集は当時の聴衆には難解だったようで、一八〇七年二月末の『総合音楽新聞』には〔三つの新しく、とても長く、難しいベートーヴェンの四重奏曲集は、あらゆる識者の注目を集めている。それは熟慮された素晴らしい労作だが、一般には理解し難い〕という批評文が掲載されている。

この作品群は、弦楽四重奏という、それまでも高度だった音楽のジャンルを、更に一変させた画期的な大傑作であったが、当時の聴衆には充分理解されたとは言えず、ベートーヴェンはその後しばらく弦楽四重奏の作品をセットで作曲することはなかった。三年後の一八〇九年の夏から秋にかけて、彼は《第一〇番「ハープ」》という愛称をもつ作品を完成させるが、《「ラズモフスキー」・全三曲》に比べると曲想は明るく、わかり易い音楽になっている。

挿話《エピソード》＝ハレー・ストリング・クァルテットのこと

かつて日本には、彗星の名に因《ちな》んで〝ハレー・ストリング・クァルテット〟という、極めて優秀な弦楽アンサンブルがあった。

難関ヴィエニアフスキ国際ヴァイオリン・コンクールに挑戦、史上最年少で優勝の栄冠を獲得した漆原啓子や、ＮＨＫ交響楽団の第一コンサートマスターの篠崎史紀を中核メンバーとした団体で、活躍していた年月は記憶にないが、当時は「本邦随一」と評しても過言ではない高水準の演奏を披露していた。

発足後のある時期、この団体はベートーヴェンの「弦楽四重奏曲・全曲演奏会」をシリーズで催す。シリーズは好調に進行、評論家の評価も上乗であったが、数回に及ぶコンサートの終了後、この団体は解散してしまった。

奏者の一人・篠崎史紀に、解散を不審に思った私が理由を訊ねると彼は、「ベートーヴェンの全曲を弾いたら、全員息が絶えてしまったんだよ」と、苦笑しながら答えた。「弾いただけで息が絶えるなんて……。曲を作った男もいるじゃないか」と私が反論すると篠崎は、「自分で弾いてみればわかるよ！」と言って、私を睨んだ。

ベートーヴェンは晩年、弦楽四重奏曲を集中的に作曲した。その数曲は鉄壁のように後世の作曲家の前に立ち塞がり、彼等の作曲意欲を減退させた。演奏家は譜読みをし、リハーサルを重ねるごとにベートーヴェンの技法の複雑さと精神的内容の深さを痛感し、現在の自分の理解力と演奏能力に疑念を抱く。ハレー・ストリング・クァルテットの解散は残念であったが、いまの私には、それが彼等の芸術家としての良心の結果だということがわかるような気がする。

交響曲の創作――《第一番》・《第二番》

交響曲は一九世紀以降、演奏会の中核的レパートリーになっているが、始まりは初期古典派の一七二〇年代である。起源はシンフォニア＝イタリア風序曲かコンチェルト・グロッソで独奏部を持たないリピエーノ協奏曲で、オペラやオラトリオなどの大規模な声楽曲などの器楽導入曲として用いられた三楽章（急・緩・急または舞曲）から成っていた。やがてオペラとは無関係に、独立で演奏されるようになる。ただ、この時代は音楽の各ジャンルの線引きが不充分で、交響曲もそのままオペラの序曲に転用された例も少なくないようである。

とはいえ、演奏会用の交響曲はオペラと並んで最も人気のあった分野であり、一八世紀に書かれた交響曲は、一説によると一万三〇〇〇曲以上であったといわれている。ヨーロッパ全域はもちろんのこと、音楽活動の盛んだったアメリカの東海岸にいたるまで、それぞれの都市の宮廷や教会、修道院がそのための会場として提供されている。

しかしその頃、貴族階級や宗教関係者が主体であった音楽愛好家の興味の中心は独唱や独奏にあったので、交響曲はそれらスター・プレイヤーを飾る額縁のような存在で、当然その音楽はその場限りの使い捨てといってもいい、副次的な職人仕事であった。

そんななかでも、やがて意匠を凝らした優れた作品が生み出されるようになり、楽曲の形式も急・緩・急の三部形式から第三楽章に宮廷舞曲であるメヌエットが加わる四部形式へと発展を遂げる。この四部形式は貴族階級の夜会を象徴したものという説があるが、それなりの説得力があると言っていいかもしれない。

即ち、序奏を伴った華やかな第一楽章は主宰する貴族の邸への馬車に乗った賓客の到来。緩やかな第二楽章は舞踏会場のホワイエにおける飲食を伴った団欒《だんらん》の風景。第三楽章のメヌエットは貴族とその子女たちの舞踏会。第四楽章はパーティーの余韻を楽しみつつ解散し、帰宅する有様の描写。

交響曲の形式は盛期古典派＝ウィーン古典派の開祖であるハイドンによって次第に洗練の度を増し、標準化される。彼は一〇六曲に及ぶ作品で形式、主題作法、楽器用法にさまざまな実験と工夫を重ね、最晩年のロンドン訪問中に作曲された一二曲の《ロンドン交響曲＝「驚愕」、「軍隊」、「太鼓連打」など》はコンサートのメイン・イヴェントになった。同時代に活躍したモーツァルトも、晩年にいくつか優れた作品を遺している。

ベートーヴェンは二九歳のとき、一七九九年に《交響曲第一番 ハ長調》（作品21）の作曲に着手する。ピアノ三重奏曲などの室内楽やピアノ・ソナタなどの作品を発表して作曲家としての評価を得ていた彼の挑戦であり、野心的な試みであった。《交響曲第一番、第二番》は、形式的にはウィーン古典派の先輩ハイドン、モーツァルトのスタイルを継承しているが、随所にベートーヴェンらしい新しい工夫がなされている。

《第一番》第一楽章の序奏の冒頭は、この楽章の主調がハ長調であるのに、まったく関係のない、ハ長調の下属調であるヘ長調の属七和音ではじまる。しかも、続く数小節も微妙な転調を用い、主調である快活なハ長調の第一主題の出現前の緩徐導入部に高い緊張感を孕《はら》ませている。当時としては画期的な作曲手法と言えるだろう。

また第三楽章はメヌエットと書かれているがテンポは急速（アレグロ・モルト・エ・ヴィヴァーチェ）で、曲想はほぼ完全にスケルツォに近く、前述の優雅な宮廷舞曲＝メヌエットの面影はない。

初演は一八〇〇年四月二日に、ウィーンのホーフブルク劇場でベートーヴェン自身の指揮によって行なわれているが、現在の我々にとって興味深いのはそのプログラムである。

当日のプログラムはベートーヴェンの《ピアノ協奏曲第一番》（作品15）の再演、当時大好評を博していた《ヴァイオリン、ヴィオラ、クラリネット、ホルン、ファゴット、チェロとコントラバスのための七重奏曲》（作品20）、ベートーヴェン自身によるフォルテピアノの即興、《交響曲第一番》の初演に加え、モーツァルトの《大交響曲》とハイドンの《オラトリオ「天地創造」》から二曲の合計七曲より成っている。

こういうプログラム構成は当時としては当たり前だったようで、《交響曲第一番》は一

アン・デア・ウィーン劇場の外観

種の「現代音楽」的な扱いだったのではあるまいか。なお、モーツァルトの《大交響曲》の正確な曲名はわからない。

《交響曲第二番　ニ長調》（作品36）の作曲は一八〇一年から〇二年にかけてで、この時期はベートーヴェンの耳疾が進行し、前述の「ハイリゲンシュタットの遺書」を記した頃と重なっている。

しかしこの曲には宿痾《しゅくあ》に苦しむ音楽家の姿はまったく感じられない。「遺書」のクライマックスに書かれている一節、〈私を自殺からおしとどめたのは私の芸術だけであった。そうだ、私が自分の中にあるものをすべて出しきるまでは、私はこの世を去ることはできないと思えたのだ〉という文章が、この交響曲の性格に反映していると言えるだろう。

初演は一八〇三年四月五日、アン・デア・ウィーン劇場で、ベートーヴェン自身の指揮によって行なわれた。プログラムは三年前に初演された《交響曲第一番》を除けば全て新作で、《オラトリオ「オリーブ山上のキリスト」》（作品85）、《ピアノ協奏曲第三番　ハ短調》（作品37）と、《交響曲第二番》であった。

アン・デア・ウィーン劇場の内部

新作を三曲並べるという大胆さと作品の充実ぶりは驚嘆に値するが、これがベートーヴェンの創作と発表のスタイルであった。彼は常に二曲から三曲、もしくはそれ以上の作品を同時期に書いている。溢れ出てくる曲想を同時進行のような形で複数の作品にしていくベートーヴェンの作曲手法は一見驚異的に見えるが、大脳生理学的にいうと、創造力を高めるためには極めて合理的な方法らしい。

ベストセラーになった英文学者・外山滋比古の名著『思考の整理学』（ちくま文庫）を読むと、〔テーマはひとつでは多すぎる。すくなくとも、二つ、できれば、三つもって、スタートしてほしい〕という、不思議な文章に出逢う。

〔きいた方では、なぜ、ひとつでは「多すぎる」のかぴんと来ないらしいが、そんなことはわかるときになれば、わかる。わからぬときにいくら説明しても無駄である。

ひとつだけだと、見つめたナベのようになる。これがうまく行かないと、あとがない。こだわりができる。妙に力《りき》む。頭の働きものびのびしない。ところが、もし、これがいけなくとも、代りがあるさ、と思っていると、気が楽だ。テーマ同士を競争させる。いちばん伸びそうなものにする。さて、どれがいいか、そんな風に考えると、テーマの方から近づいてくる〕

人間の集中力が持続するのは何分か、何時間か——私の経験は音楽家と学者に限られるが、最短で約四〇分、最長で約二時間である。集中して仕事や創作をして、疲労感などで仕事や執筆、創作活動を中止せざるをえなくなったとき、気分転換なり休息なり、対応はさまざまに分かれる。

私の知る限り、いま取り組んでいる問題とできるだけ関係のないテーマに真剣に取り組むのがもっとも効率的な疲労回復法である。恩師の丸山眞男は、専門分野の日本政治思想史の論文執筆中、集中力が途切れると、本人が「第二の専門分野」と称していたクラシック音楽を、楽譜を前にして真剣に聴いていた。「取り組んでいた」と言った方がいいほど真剣であった（拙著『丸山眞男　音楽の対話』文春新書）。「あんなに音楽にのめりこまなければ」と歎く出版関係者もいたが、音楽大学の教授を驚倒させるような専門知識を修得した丸山のクラシック音楽への傾倒ぶりが、政治学と政治思想史の分野における彼の不滅の功績の陰の原動力となっていたことを私は知っている。

　ベートーヴェンの創作は多くの場合、極度に異なる性格の音楽を結果として生み出している。人はその振幅の大きさに驚き、天才の偉大さを賞揚するが、複数の全く異なる楽想を持った新曲に取り組むことこそ、彼の驚異的な作曲術の秘密ではなかったかと私には思われる。

《オラトリオ「オリーブ山上のキリスト」》は一八〇三年の三月頃、かなり短期間で書き上げられている。キリストの苦悩を内容とする六曲編成の大規模な作品で、作曲の経緯はわかっていないが、「ハイリゲンシュタットの遺書」を書いた彼の意志が反映していることは間違いない。

《ピアノ協奏曲第三番　ハ短調》は一七九六年に着想され、一八〇三年に完成されたベートーヴェン入魂の作品で、三〇歳前後という彼の作曲手法の深まりに加え、パリのエラール社から寄贈を受けたイギリス式アクションの新製品のピアノを駆使した画期的な協奏曲である。このピアノの音域は五オクターヴ半、ピアノ線は従来の二弦張りからすべて三弦張りとなり、音色に重量感があった。彼の独創的な個性がはっきりと刻印されたこの新しい音楽は初演当時、聴衆に戸惑いを感じさせたらしいが、やがてベートーヴェンらしい、いわゆる「英雄的様式」を確立した記念碑的作品として、彼の代表作の一つに数えられるようになる。

性格の全く異なる三曲の同時期の完成と初演は、ベートーヴェンの作曲手法を特徴づけるパターンとして、その生涯に何度か繰り返されることとなった。

第5章　傑作の森――ベートーヴェンの中期

《「英雄《エロイカ》」》の出現と衝撃

ベートーヴェンはさまざまな分野でクラシック音楽の世界に衝撃と革命をもたらしているが、その最大なるものの一つが《交響曲第三番　変ホ長調「英雄《エロイカ》」》の作曲である。それを契機に、ロマン・ロランが「傑作の森」と名付けた中期へ移行していく。

作曲年は一八〇三年から〇四年にかけて。作曲動機はフランス革命後に登場したナポレオン・ボナパルトの顕彰といわれているが、現在ではこれを否定する説が有力である。オリジナルの自筆譜は散逸しているが、ウィーン楽友協会に所蔵されている作者校閲済みの浄書スコア（一八〇四年八月に作成）の表紙の部分には、次のような記述がある。

大交響曲

九月二六日

表題　ボナパルト

一八〇四年八月

ルイ・ヴァン・ベートーヴェン氏作曲

ボナパルトのために作曲
交響曲第三　作品55

一八〇四年八月二六日付でベートーヴェンが音楽出版社ブライトコップ&ヘルテルに書いた手紙にも、〔この交響曲は本来ボナパルトと題されるものです。普通に用いる楽器の他に三本のホルンをオブリガートとして加えています〕と書かれている（『新編 ベートーヴェンの手紙』）。

しかし、楽譜の表紙に書かれている「一八〇四年八月」と「交響曲第三」はベートーヴェンの筆跡ではない。「一八〇四年八月」とは、ロブコヴィッツ侯爵邸での私的な演奏会の日を指す。「九月二六日」はそれに続く同じ演奏会の日を指す。この筆跡はベートーヴェンか写譜屋かはっきりしない。これ以外はベートーヴェンの筆跡である。「ボナパルトのために作曲」の文字は鉛筆で書かれたものを、あとからペンでなぞったと見られる。

リース

この引用を詳細に記した理由は、この曲が「ボナパルト」と題されていたか否かの論議があとをたたないからである。
弟子のフェルディナント・リースはこう語ったという。

〔ナポレオンは一七九九年に革命後のフランスの第一統領に就任したが、当時のフランスは革命で王制が転覆した直後で、共和制を採用していた。ベートーヴェンはその話を聞いて大いに喜び、ナポレオンを古代ローマの偉大な執政官になぞらえていた。私（リース）も数人の彼の友人と共に、新しい交響曲が総譜になってベートーヴェンの机の上に置かれているのを見た。表題のページには上の方に「ブォナパルテ」の文字があり、一番下には「ルイジ・ヴァン・ベートーヴェン」と書かれていたが、他の言葉は何もなかった。真ん中の部分がどのような言葉で埋められることになるのか私にはわからない。一八〇四年五月に、ブォナパルテが皇帝に即位したという情報を最初にベートーヴェンに伝えたのは私である。彼はかっとなってこう叫んだ。「それではやはり、普通の人間と変わらないではないか。今や彼は人間のあらゆる権利を踏みにじり、自分の野心だけを満たそうとするだろう。彼はほかの人たちの上に立つことで得意になり、暴君となるだろう」。ベートーヴェンはテーブルに近づき、そのページの上の方をつかむと、それを二つにちぎって床に投げ捨てた。最初のページは書き直され、そのとき初めて、この交響曲は《シンフォニア・エロイカ》（英雄交響曲）という題にされたのである」

リースの言葉はベートーヴェン伝説のなかでも有名な逸話である。しかし、真偽のほどはわからない。

王権神授説と産業革命

この話の背景にあるフランス革命とナポレオンの登場について、若干の注釈を加えたい。

一六世紀から一八世紀にかけて、ヨーロッパ諸国には王権を絶対視する政治体制＝絶対王制による支配が定着していた。オーストリアのマリア・テレジア、イギリスのエリザベス一世、フランスのルイ一四世の時代がその典型で、「絶対」とは伝統的な法や機関から自由という意味である。王権は神の恵みにより授けられたという「王権神授説」の政治理論がその根拠である。

「王権」とは、ある部族や国家を統率するために一人の支配者に付与される権力のことを指す。歴史上、多くの部族や国家がこの王権に基づき、王によって統治された。王権は神聖視されることが多く、その存在が世界に安定した秩序をもたらすと考えられた。また豊作をもたらし、戦いを勝利に導き、病いを癒すなどの役割も期待されることがあった。こうした力は血統によって受け継がれるという考えから、王権は世襲される場合が多かった。血統の重視と世襲制という政治の支配体制は各階級の存続原理となり、中世から一七〜一八世紀までのヨーロッパでは、生を享けた階級によって、職業が決まる世襲制として定着した。貴族の子弟はそのまま貴族、職人の家系に生まれた人間はそのまま職人、農民階級は基本的には生まれながらにして農民として人生を送ることが運命づけられていたのである。

　傑出した才能があれば、ハイドンのように大工の子弟が宮廷楽長まで出世することは出来たが、それもあくまで平民階級のなかでの立身出世に過ぎない。ベートーヴェンは、そのような社会制度に非常な不満をもっていたようで、後述のように、恋愛感情を抱いた相手はすべて貴族階級の女性に限られていたが、結局は階級の壁に阻まれ、結婚にまで至ることはなかった。

　このような社会制度が成立したのは、社会の下部構造である経済の基盤が農業という素朴で、革新性の乏しい産業で成り立っていたからである。一八世紀から一九世紀にかけての社会の激動は、一七七〇年代にイギリスで起った産業革命のヨーロッパ全土への波及にその淵源がある。

契機は一七六九年のジェームズ・ワットによる蒸気機関の改良である。機械化と動力化、工場制度の導入による工業の急速な発展が原動力となって、農村共同体を中心とした中世社会は、資本主義的な雇用関係を主体とした社会へと急激な変貌を遂げる。資本主義社会は豊かな市民階級を創出し、文化と娯楽にも多大な変化をもたらした。いままで少数の貴族に独占されていたコンサートやオペラに市民が加わり、市場は大幅に拡大した。晩年、エステルハージ侯の宮廷楽長の職を辞したハイドンは、興行師ザーロモンの招きにより、

ザーロモン

二度にわたってロンドンを訪問、ザーロモン主催の音楽会で一二曲の交響曲（《ザーロモン・セット》）や多数の弦楽四重奏曲などの新作を披露、大成功を収めて巨万の富を築いた。一八世紀末のことで、産業革命の先進国イギリスならではの快挙であったが、この流れはやがてヨーロッパ大陸全土に拡大し、ベートーヴェンの作品、そ

してその生涯にも多大な影響を与えることになる。

フランス革命とナポレオンの登場

一方、フランスでは太陽王ルイ一四世以来の戦争の継続で国庫は疲弊し、ルイ一六世時代の一七八八年度には負債の年利負担は三億リーブルを超えていた。この数字は当時の国家歳出の半分に相当する額であった。国家財政を破綻から救う方法は増税か新規課税しかない。

ルイ一六世は一七八九年五月、身分制議会である全国三部会を召集した。しかし、一七八七〜八八年のフランスは全国的な凶作で、農民の生活はどん底状態にあり、各地で騒擾《そうじょう》が頻発していた。そのような時期に新税の導入などはもってのほかで、同年七月一四日のバスチーユ監獄襲撃事件を惹起《じゃっき》する。王政の廃止、貴族などの封建的特権の撤廃を経て共和制が宣言されたのは一七九二年九月のことである。

しかし、革命後の政権は安定性を欠いた。一七九五年一〇月に発足した五百人会と元老院から成る二院制の立法府＝総裁政府は諸派閥の対立で混乱が続く。一七九九年一一月九日（革命暦八年ブリュメール一八日）、聖職者出身の政治家シェイエスが、エジプト遠征から帰ったナポレオンとクーデターを決行、五百人会を解散させて、統領政府を樹立、ナポレオンを第一統領に推した。

ベートーヴェンがナポレオンに関する情報を得たのはこの頃のことであったと思われる。ナポレオンはその後の一八〇二年八月に、国民投票によって終身統領に就任、更に高い地位を求めて一八〇四年に「皇帝」に就任した。背景にはイギリスへの宣戦布告など、国民の集中力を高め、上意下達の軍隊式国家を育成する必要があり、ナポレオン個人に権力を集中する気運が高まったことがあげられる。

しかし、革命によって崩壊させた「国王」という選択肢はない。「皇帝」とは一部族や一民族の首長である「王」よりも上位にある概念であり、ヨーロッパや地中海といった地域世界の支配者を意味していた。この頃のフランスは、オランダ、ベルギー、北部イタリアを勢力圏としており、ナポレオンが「皇帝」を名乗っても不思議ではない状況にあった。

一八〇四年五月一八日、元老院は皇帝ナポレオンの誕生を宣言、一一月には世襲皇帝制の是非を問う国民投票が行なわれ、圧倒的多数でこれを承認して、フランス共和国はフランス帝国となった。

《「英雄《エロイカ》」》初演にブーイング

前出のリースの言葉の正確性はともかく、ベートーヴェンが彼の《交響曲第三番》のナポレオン献呈を取り止めたことは確かである。

彼はこの曲の私的初演を一八〇四年の五月、ロブコヴィッツ侯爵邸で行ない、翌年の四月七日にアン・デア・ウィーン劇場で公開初演を行なっている。ともに指揮は作曲者ベートーヴェン本人であった。

オリジナルの自筆譜は前述のように残念ながら散逸しているが、ウィーン楽友協会に所蔵されている作者校閲済みの浄書スコア（一八〇四年八月作成）のタイトル・ページのナポレオンへの献辞は、ベートーヴェン自身による激しい筆圧のペン先で抹消されている。

この曲は第一楽章だけで六九一小節と、ハイドンやモーツァルトの軽量級の交響曲全曲に匹敵する長さをもち、現代の指揮者でもクリスティアン・ティーレマンなどが演奏すると二〇分くらいになる。長い序奏は省かれ、三拍子の一拍目に変ホ長調の主和音が奏される。全く同じ小節を二つ並べての開始である。連打される二つの主和音は、楽曲構成上の常識から見れば、楽章終止にこそふさわしいが、曲を閉じる和音から第一楽章が始まるという革新的な作曲技法をベートーヴェンは採用した。

第二楽章の長大な葬送行進曲はハ短調で書かれている。《交響曲第三番》がナポレオンを意識して書き始められたという推測は、この楽章によって否定される。この作品が書かれていた頃、ナポレオンは絶頂期にあり、帝位に就く前の第一統領の時代であったから、この曲が現実のナポレオンと関連を持つものとは考えられない。しかし第二楽章に悲愴美を帯びた、第一楽章に匹敵する演奏時間と充実した内容をもつ作品を置くことによって、ベートーヴェンは交響曲という音楽を完全に貴族階級の娯楽から切り放し、万人の鑑賞用の作品に転換したのである。コンサートのメイン・プログラムとしての交響曲は、この《「英雄《エロイカ》」》をもって嚆矢とする。ダニエル・バレンボイムはこの第二楽章について、〈『エロイカ』の葬送行進曲が第二楽章であって最終楽章ではないということは、偶然ではない。僕は、そこに象徴されるものがあると思う——深い悲しみもまた過渡的なものであると言っているのだ〉と、恐らくはチャイコフスキーの《交響曲第六番「悲愴」》の第四楽章を念頭に、オーケストラ指揮者としての見解を披瀝している（バレンボイム／サイード『音楽と社会』A・グゼリミアン編、中野真紀子訳、みすず書房）。

第三楽章のスケルツォの充実ぶり、第四楽章の変奏曲の豪華絢爛——私たちがいま耳にしている交響曲の原型であり、完成型であると言えるだろう。

初演時、一般の音楽愛好家は戸惑いを隠せなかったようである。真偽不明のエピソードとして、「演奏を止めてくれさえすれば、もう一クローネ支払おう！」と叫んだ聴衆がいたという逸話が伝えられている。因みに、一クローネは小額紙幣で、日本円に換算すれば一〇〇円程度の額であった。ベートーヴェンの弟子のチェルニーの回想によると、〈人々は長すぎ、複雑すぎて理解し難く、あまりにも騒々しい〉と感じていたという。また『一般音楽新聞』には〈過度な気まぐれや、珍奇な表現を含んでいる〉という批評が掲載された。

しかしやがて、これらの批評は「偉大な個性」という感想に変わっていく。

ピアノ・ソナタ《「悲愴」》・《「月光」》など

前述したが、鍵盤楽器であるピアノはモーツァルトの時代、つまり一八世紀後半に著しい進化を遂げた。背景には産業革命による鉄鋼業の発達がある。

ベートーヴェンは、ボンの少年時代に《選帝侯ソナタ》と呼ばれるピアノ・ソナタを三曲作曲しているが、彼がその頃弾いていた鍵盤楽器はチェンバロと音量の小さなクラヴィコード、そしてオルガンであった。

一七九二年の一一月、彼はウィーンに移住したが、携帯品についての記録は残っていない。携帯可能なクラヴィコードを持っていった可能性はある。ウィーンで彼のパトロンになるリヒノフスキー侯爵の屋敷に住むようになる一七九四年頃には、オーストリアの属国だったハンガリーのブダペストで製作していたフォーゲルのピアノを使用していたらしい。作品2とされている三曲のピアノ・ソナタが書かれたのはこの頃である。この三曲が画期的である点は、ハイドン、モーツァルトの作品にはない四楽章制を採用していたことで、作品1の《ピアノ三重奏曲・全三曲》に続くウィーン古典派の伝統に対する挑戦と考えられる。また作品2で《第一番》の調性にフラット四つのへ短調を用いたのも、《選帝侯ソナタ第二番》に続く新機軸であった。

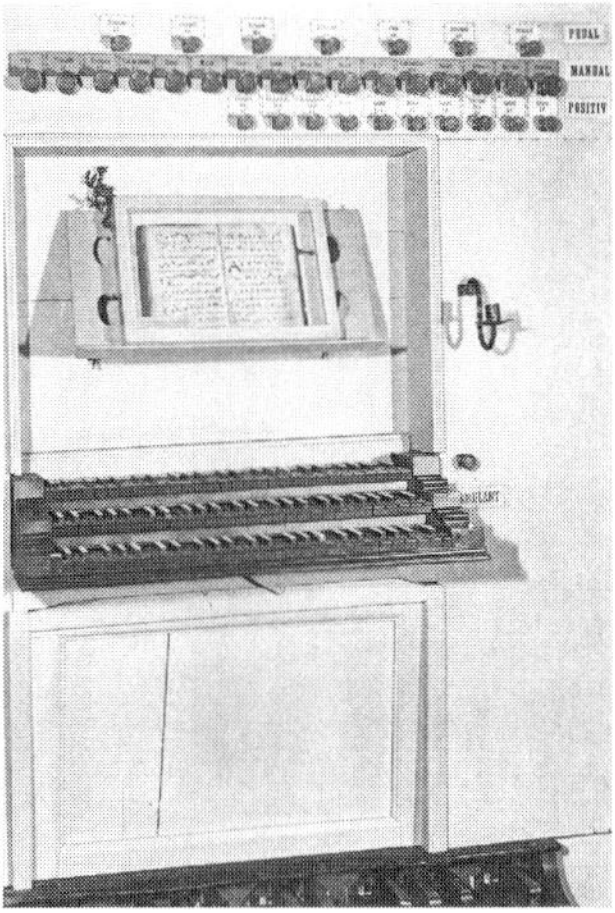

ボンのオルガン演奏台

　一七九〇年代、ウィーンはヨーロッパにおけるピアノ製作の中心地の一つであった。有名な銘柄はワルター、シャンツ、シュトライヒャーで、弦は二本、音域は下一点へ音から三点へ音までの五オクターヴ六一鍵が標準であった。フレームは木製で、膝でレバーを操作して音の響きを変化させる方式が多かったようである。ただ総じて現代のピアノに比べて響きは弱く、音は速く立ち上がってすぐ衰える。

ベートーヴェンにとって、ピアノ・ソナタは日記帳のようなものだったかもしれない。ウィーンに移住してから発表した作品2の《ピアノ・ソナタ》三曲の作曲年が一七九三年から九五年にかけて。最後の《第三二番》（作品111）の完成が一八二二年。約三〇年間にわたって書き続けられた。あえて言えば一八〇六年から一八〇八年と、一八一一年から一八一三年の各三年のブランクが目立つ程度である。

ウィーン登場の当初、ベートーヴェンは作曲家としてよりもピアノ演奏家としての評価が高かった。前述のように、一七九〇年代の後半にはプラハ、ドレスデン、ライプツィヒ、ベルリンなどを訪れ、即興演奏などを披露して名声を確立している。

一八〇〇年代には耳疾に悩み、演奏家としての活動が制約される。彼の最後の公開演奏は一八一四年の《大公トリオ》であったといわれるが、強弱の差異が余りも激しく、音も不揃いで、聴き手の評価は芳《かんば》しくなかったようである。なお、人前で演奏したのは一八一五年の一月二五日、ロシアの皇后のためにフランツ・ヴィルトが歌う歌曲《アデライーデ》のピアノ伴奏が最後だったといわれている。ピアニストとしての全盛期は一七九〇年代の後半から一八一〇年代の前半までの十数年間だったと思われる。全盛時代の演奏の特徴は、表情豊かなレガート奏法とスケールの大きな感情表現だったといわれる。

ウィーン時代の初期、一七九三年から一八一〇年までに、彼は二六曲のピアノ・ソナタを書いた。

画期的な代表作は《第八番　ハ短調「悲愴」》（作品13）、《第一四番　嬰ハ短調「月光」》（作品27－2）、《第一七番　ニ短調「テンペスト」》（作品31－2）など。

《「悲愴」》はベートーヴェンの作品のなかでも特別な意味を持つハ短調という調性で、全曲は情熱に溢れ、彼の個性が余すところなく発揮されている。第一楽章の冒頭に重厚な序奏を置いているのが特徴的である。三二曲のピアノ・ソナタのなかで、《第二六番　変ホ長調「告別」》（作品81ａ）とともに、彼自身がタイトルをつけた二曲のうちの一曲である。

《「月光」》という名称は詩人ルートヴィヒ・レルシュタープ（一七九九～一八六〇）が、「スイスのルツェルン湖の月光のなか、波に揺らぐ小舟のよう」と評したことから、後世

レルシュタープ

の人が名付けた音楽といわれている。第一楽章のアダージョ・ソステヌートがこの評言に適合する。第二楽章のアレグレットと第三楽章のプレスト・アジタートの三楽章構成であるが、これは本来あるべき四楽章構成ソナタの急速な第一楽章が省かれている作品と見るべきであろう。作品を献呈したのは一四歳年下のピアノの弟子ジュリエッタ・グイッチャルディ。父親フランツはボヘミア宮廷顧問官で、母親はブルンスヴィク伯爵家の出身。前出の一八〇一年一一月一六日付の友人フランツ・ゲルハルト・ヴェーゲラー宛の手紙に、〈僕はこれまでより人と交わるようになって、今またいくらか愉快に生活している。この二年来いかに荒涼たる悲惨な生活を送ってきたことか、……耳が遠いということが、亡霊のごとく至る所で僕を脅かした。……今度の変化は、一人の愛らしい魅惑的な乙女のせいなのだ。――彼女は僕を愛してくれ、僕もまた愛している。二年ぶりでまた幾らか幸福な瞬間を楽しんでいる。結婚して幸福になれるだろうと考えたのは、今度初めてだ。ただ遺憾なことは、身分が違うのだ。――で今は――結婚なんかもちろんできないだろう〉と記している。彼女はまもなく、ガーレンベルク伯爵と結婚した。

　このソナタは一八〇二年の出版当時から音楽関係者のなかで評判が良かったようである。

《「テンペスト」》は、晩年のベートーヴェンの秘書的立場にあったアントン・シンドラーがベートーヴェンに、作品の内容を理解するためのヒントを訊ねたところ、「シェイクスピアの『テンペスト』を読め」と言われたという逸話によりその名称がつけられている。

「テンペスト」という言葉には「嵐」という意味がある。

　シェイクスピアの戯曲『テンペスト』はナポリ王アロンゾー、ミラノ大公アントーニオらを乗せた船が嵐のため難破する第一幕から始まる。第一楽章からフィナーレの第三楽章まで、まさに「嵐」を連想させるような音楽だが、シンドラーという男は自己顕示欲が強く、ベートーヴェン晩年の会話帳の偽造説もあるので、彼の言葉には必ずしも信用が置けない。

ピアノ・ソナタ《「ワルトシュタイン」》

　交響曲《「英雄《エロイカ》」》と同様に、一八〇二年の《「テンペスト」》を含む「作品31」の三曲を境にして、ベートーヴェンのピアノ・ソナタも中期の「傑作の森」に入って行く。

　翌年、一八〇三年から〇五年にかけて、《第二一番　ハ長調「ワルトシュタイン」》（作品53）や《第二三番 ヘ短調「熱情《アパッショナータ》」》（作品57）が作曲された。一八〇二年の秋、「ハイリゲンシュタットの遺書」を書くことで心機一転したベートーヴェンは翌年八月、ボン時代の宮廷楽団の同僚で親友でもあった作曲家アントン・ライヒャの斡旋《あっせん》で、パリのピアノ製作社エラールの最新式ピアノの贈呈を受ける。

このピアノは、五オクターヴと五度の幅広い音域を持ち、三重の弦が張られ、イギリス式アクションを備えていたためタッチが重く、ダイナミックな音響と多彩な音色による演奏が可能であった。特に重厚な低音域の和音の創出がベートーヴェンの創作意欲を刺戟した可能性がある。

《「ワルトシュタイン」》はウィーンの名門貴族であるワルトシュタイン伯爵に献呈されていることから、後世の人が名付けた名称である。ワルトシュタイン伯爵は一七八八年に、一七歳のベートーヴェンとボンで出逢っている。伯爵はピアノ演奏ではかなりの腕前の持ち主であり、自身で作曲もしていた。

エラールのピアノを知ることにより、ベートーヴェンのピアノ作品のスケールは格段の進歩を遂げる。

《「ワルトシュタイン」》の第一楽章の第一主題は低音部八分音符の和音連打＝刻みで始ま

エラール社のグランドピアノ

る。この印象的な刻みは、ほぼ同時期に作曲された《交響曲第三番「英雄」》の第一楽章第一主題や《弦楽四重奏曲第七番　ヘ長調「ラズモフスキー第一番」》の第一楽章第一主題にも見られるが、両者には同時に聴くべき旋律《メロディー》があり、刻みは伴奏に過ぎない。しかし、《「ワルトシュタイン」》では刻みそのものが主題の主要な性格になっている。

　連続する刻み＝パルスは、人間と表現の道具としてのピアノとの新しい関係を示す画期的な表現ということができる。エラールという楽器をわがものとして、ベートーヴェンは二〇世紀にまで及ぶ近代的ピアノ奏法を誕生させたと言うことができよう。

ピアノ・ソナタ《「熱情《アパッショナータ》」》

一八〇四年から〇五年の間に、ひとりベートーヴェンにとどまらず、古今のピアノ・ソナタ史上「最高の作品」と称しても差し支えない名曲《「熱情《アパッショナータ》」》が誕生する。ベートーヴェンは徹底的に推敲《すいこう》を繰り返したようで、パリ音楽院所蔵の自筆譜の終楽章には非常に多くの訂正や書き直し、削除があるという。研究者のなかには、訂正は一八〇六年まで続いたという者もいる。

特徴の第一は、第一楽章の第一主題——二オクターヴ離れた平行するメロディー・ラインは同じ音であり、同じ倍音構造に属しながら相互に響き合う。片手で弾ける一オクターヴではなく、両手を使う二オクターヴ開離の場合、左右の手のバランスや音量、弾き方を工夫することで、さらに音色構成への大胆な踏み込みが可能になっている。

この時期に書かれたベートーヴェンの作品には、こうした印象的な動機、音色の始まりを持っているものが多い。《ピアノ協奏曲第四番　ト長調》（作品58）はピアノ・ソロから出発し、オーケストラはその後から入る。《交響曲第五番　ハ短調「運命」》（作品67）の有名な運命動機、《ヴァイオリン協奏曲　ニ長調》（作品61）のティンパニ・ソロの四連打から始まる画期的な開始法など。

《ピアノ・ソナタ「熱情」》について、戦後日本の知的リーダーのひとりである丸山眞男は、死後発見された三冊のノート『自己内対話』（みすず書房）のなかに、次のような独白を書き遺している。

〈私が心から尊敬する曲（妬ましいとまで思う曲）
　ベートーヴェン「交響曲第五番」
　　　　　　「アパッショナータ」→
ともに沸とうする非合理的なパトスを合理的形式にきっちりとおさめた手腕。通俗名曲などというコトバに呪いあれ！〉

パトス＝一時的な心の動き、情熱、感情、情念が溢れるような豊かさと強さで満たされている曲想を、「ソナタ形式」という合理的な形式にきっちりと収めて表現したベートーヴェンの作曲的手腕に対する最大級の讃辞である。ロマン派の作曲家たちが、自己表現のために形式を無視して、感情の赴くままに、自分勝手な表現をしたのに対し、ベートーヴェンは伝統的形式を生かして、そのなかで最大級の自己表現を達成した。丸山眞男は、自らの専門分野「日本政治思想史」に次ぐ第二の専門分野として「クラシック音楽」の研究者を自任していた（拙著『丸山眞男　音楽の対話』）。その卓越した見識のひとつが窺われる小文である。

《「運命」》と《「田園」》の初演も大失敗

一八〇八年一二月二二日、ベートーヴェンはアン・デア・ウィーン劇場で大規模なアカデミー（自主コンサート）を催した。五日前の『ウィーン新聞』に掲載された曲目は次の通り。

1、交響曲「田園の生活の思い出」ヘ長調
2、アリア
3、ラテン語のテキストによる讃歌、合唱と独唱を伴う教会様式作品

4、ピアノ協奏曲、作曲者自身のソロ
5、大交響曲ハ短調
6、ラテン語テキストによる聖歌、合唱と独唱を伴う教会様式作品
7、ピアノのための幻想曲で、次第にオーケストラが加わり、終曲では合唱が加わる

1から4までが第一部、5から7までが第二部という巨大なプログラムで、演奏時間は午後六時半から午後一〇時半まで、休憩を入れて合計四時間という長丁場であった。当時のウィーンには本格的なオーケストラは無かった。コンサートの都度、宮廷歌劇場のメンバーやフリーの音楽家を集めた寄り合い所帯のオーケストラしか存在しない。まともな総練習《ゲネプロ》もせずに本番にのぞんだオーケストラや合唱団に、これだけの新作を完璧に演奏させるということは不可能に近い（4の《ピアノ協奏曲第四番》だけは一八〇七年の三月、ロブコヴィッツ侯爵邸でベートーヴェンの独奏による私的初演が行なわれているが）。

特に最後の《合唱幻想曲　ハ短調》（作品80）は、繰り返し《ダ・カーポ》についてベートーヴェンの事前の指示とオーケストラ側の了解事項が喰い違い、演奏を中断して最初からやり直すという醜態が演じられて、コンサート自体は成功しなかった。

この演奏会についての批評文はほとんど存在しない。この頃ウィーンに滞在していた作曲家のヨハン・フリードリヒ・ライヒャルトの友人宛の手紙のなかに〔厳しい寒さに耐え、座り続け〕という記述があるだけだ。

コンサートで演奏された順番は、後に《第六番「田園」》（作品68）と題されることになる1のヘ長調の交響曲が先であったが、楽譜の出版は第二部で演奏された5のハ短調の交響曲《第五番「運命」》（作品67）が先であった。

このコンサートの前年、《交響曲第四番　変ロ長調》（作品60）がロブコヴィッツ侯爵邸で初演されている。同時に、翌年アン・デア・ウィーン劇場で再演される《ピアノ協奏曲第四番　ト長調》と《悲劇「コリオラン」序曲》（作品62）が演奏された。後者はウィーンの劇作家ハインリヒ・フォン・コリンがローマ神話の英雄コリオラヌス（コリオラン）を主人公として一八〇二年に書き下ろし、大成功を収めた悲劇にベートーヴェンが序曲を作曲し、作者のコリンに献呈した音楽であるが、戯曲と同時に演奏された記録は残っていない。

《交響曲第四番》についてはシューマンによる「北国の二人の巨人（《交響曲第三番、第五番》）に挟まれた清楚可憐なギリシャ乙女」という愛称があり、人口に膾炙《かいしゃ》している。しかし、一九世紀におけるこの作品に対する評価は決して高くなかった。《第三番「英雄《エロイカ》」》のあとであっただけに、「古典回帰」とも思われたようで、ワーグナーは〈情熱《パトス》に欠けた冷たい音楽〉という低い評価を下している。一八〇七年四月発行の『豪華流行ジャーナル』誌には〈磨かれていないダイヤモンド〉という言葉でベートーヴェンの楽想に対する批評が掲載されている。

　だがこの評価は、ウィーンなどの聴衆が《第三番「英雄」》を聴き知っていたための戸惑いによるものだったと思われる。前作と比較すれば、楽器編成のうえでもフルートが二管から一管に、ホルンも三管から二管へと縮少されている。第一楽章の冒頭には長大な序奏が付けられており、愛好家が「古典回帰」と受け取ったとしても不思議ではない。しかし、ベートーヴェンは決して古典回帰など意図していなかった。第一楽章の三八小節に及ぶ序奏の充実振りなど《交響曲第二番》の路線を引き継ぎ、交響曲の発展方向を《第三番「英雄」》とは異なる手法で実現しようと試みたと考えられる。初演から四年後の一八一一年の『総合音楽新聞』には、〈全体にわたって明快性に富み、理解しやすく、非常に魅力に富んだ作品〉という批評が寄せられている。前掲の『音楽と社会』においてダニエル・バレンボイムはこの曲の冒頭について、〈ベートーヴェンの交響曲第四番は、世界から逃避するための手段としてのみ存在するのではない。この曲のはじまりの部分には底なしの絶望感がある。変ロ音のみがずっと続いた後、一本のフルート、複数のファゴット、ホルン、弦楽器のピチカート演奏……そして何も起きない。そこには空虚感がただよっている、たった一つの音がずっと続き、やがてようやく弦楽器によって別の音、変ト音が入ってくる。その瞬間に、聴き手は今までの場所から放り出されてしまう。／この放り出されたという感覚は、他に例のないものだと言ってもよいだろう」という感想を述べている。シューマンや『総合音楽新聞』とは異質の解釈であるが、ベートーヴェンの音楽の持つ複雑さと奥深さを表現している例の一つと言えるかもしれない。

　交響曲に限らず、音楽の各分野において、常に旧作を凌《しの》ぐ規模の作品を発表し続けてきたベートーヴェンに対する期待を裏切られたように、聴衆は一時感じたのかもしれない。《「運命」》と《「田園」》が演奏されたアカデミーに対しては、作曲家サイドの準備や季節に問題があったにせよ、発表当時、聴き手は「沈黙」でしか回答を示さなかった。難しいものである。

　《交響曲第五番》の《「運命」》という愛称は、ベートーヴェンの自称秘書であったシンドラーが述べた「ベートーヴェン自身が、第一楽章冒頭の有名な動機〈ジャジャジャジャーン〉について、『かくして運命は扉を叩く』と語った」という逸話に基づくものであるが、シンドラーのベートーヴェンについての記述のほとんどは信憑性に疑問が残る。キャッチコピーとしては「出来過ぎ」と言ってよいほど上出来ではあるが……。

曲の創作過程については諸説ある。最も正統的な説は一八〇四年、《「英雄」》完成直後に作曲に着手したといわれるもの。その後二年間にわたり作曲が続けられたが、《ピアノ協奏曲第四番》と後述の《ヴァイオリン協奏曲》の創作のため中断されたという。作曲の中心は一八〇七年で、完成は一八〇八年の比較的早い時期と考えられている。ただ、曲の性格から類推して、一七九五年頃からイメージが形成されたのではないかという説もある。

《「田園」》を作曲しているベートーヴェン

一七八九年に勃発したフランス革命の影響である。市民の政治集会の折、《ラ・マルセイエーズ》などが作曲されて歌われ、結束力が誇示されているという情報を、ベートーヴェンは入手していたらしい。第四楽章にピッコロとトロンボーンが登場するが、これは元々軍楽隊で用いられる楽器で、ベートーヴェンが交響曲に採り入れたのはこれが最初である。

指揮者のアーノンクールはその理由を、作曲者が野外での演奏を念頭に置いていたからだ、と考えていたらしい（ヨーロッパ文化史研究家・小宮正安氏の説）。

丸山眞男が《「熱情《アパツシヨナータ》」》とともに最も高く評価し、ベートーヴェンの音楽のなかで最も知られている《交響曲「運命」》であるが、ベートーヴェン自身のこの曲に対するコメントはほとんど見当たらない。しかし、ベートーヴェンの音楽の最大の特徴＝器楽という音楽で人間の「理想と意志」を表現するという人類史上最初の試みの代表作がこの曲である事実に変わりはない。

しかも、第一楽章冒頭に提示される二小節ないし四小節の動機の音型が、最終楽章＝第四楽章の終結部まで、数え切れないほど反復され、全曲の統一感を図るという作曲手法はこの曲が最初である。

《交響曲第六番「田園」》は、ベートーヴェン自身が標題を付している唯一の交響曲である。ウィーン楽友協会所蔵のヴァイオリンのパート譜には、「シンフォニア・パストレッラあるいは田舎の生活の思い出。絵画描写というよりも感情の表出」と記されている。スケッチ帳にも「性格交響曲あるいは田舎での生活の思い出」という一文が記されている。

作曲時期は従来、《第五番「運命」》と重なっているように思われていたが、近年では一八〇八年初頭に《「運命」》がほぼ完成、《「田園」》は一八〇八年の初春から夏までの約半年間で作曲されたことが「パストラール・スケッチ帳」といわれるスケッチ帳の研究により明らかになっている。

一般的には、《「運命」》が精神的緊張の極限を表現しているのに対し、《「田園」》は緊張の後に必要な息抜き＝精神的な弛緩を示したものと解釈されているが、曲を詳細に検討してみると、後者にも革新的な創意が満ち溢れている。

楽器編成も《「運命」》に比し、《「田園」》にはコントラファゴットの不使用やトロンボーンの三管から二管への縮少が見られるが、ピッコロ・フルートやトロンボーンという楽器自体は定着し、楽章の数も五楽章と、スケールが拡大している。

しかも、ハイドン、モーツァルトの時代には四つの楽章を切り離して演奏することもあったのに対し、《「運命」》では第三楽章と第四楽章が連結して演奏されるように指示されており、《「田園」》では更にその規模が拡大されて、最後の三つの楽章を切れ目なく演奏するように指示がなされている。ベートーヴェンは一作ごとに、新しい表現法を工夫し、努力を重ねていたのである。

ヴァイオリン協奏曲

一八〇六年はベートーヴェンの創作力が最も充実した時期であった。《弦楽四重奏曲「ラズモフスキー」・全三曲》が一年間の間に書き上げられ、《ピアノ協奏曲第四番》、《交響曲第四番》なども作曲された。

《ヴァイオリン協奏曲　ニ長調》は、ベートーヴェン自身が音楽監督を務めていたアン・デア・ウィーン劇場の管弦楽団のコンサートマスターだったフランツ・クレメント（一七八〇～一八四二）をソリストに想定しているが、ベートーヴェン自身は演奏者の技量を前提としない、純粋に創作意志の所産としてのヴァイオリン協奏曲作曲の意図を持っていたといわれている。一九世紀には、ヴァイオリンのみならずピアノ演奏においても市中で技巧派＝ヴィルトゥオーゾの作曲家兼演奏家がもてはやされる傾向があり、ベートーヴェンが技巧重視のそうした風潮に一石を投ずる気持ちを抱いたとしても不思議ではない。彼はそれまでに九曲のヴァイオリン・ソナタを作曲しており、この楽器の性能と表現力には精通していたのである。

そんなとき、クレメント自身から作曲の依頼が入った。自筆譜の上に〝par Clemenza

pour Clement（お情けによりクレメントに）〟という書き込みがある。

初演は一八〇六年一二月二三日、アン・デア・ウィーン劇場。当日のプログラムは、一曲目がメユールの《序曲》、二曲目がベートーヴェンの《ヴァイオリン協奏曲》、続いてモーツァルト、ケルビーニ、ヘンデルの作品の抜粋が演奏され、フィナーレとして独奏者クレメントの自作の《ファンタジア》で締め括られた。

当日、もっとも好評を博したのはクレメントの作品で、ベートーヴェンの協奏曲に対しては、評論家のメーザーが『ウィーン新聞』に〔この作品には多くの美しさは認められるものの、ときには前後のつながりが全く断ち切られているようにみえたり、二、三の平凡な箇所が果てしなく繰り返され、すぐに飽きてしまう〕、と批判的な記事を寄せている（平野昭・西原稔・土田英三郎共編著『ベートーヴェン事典』東京書籍）。その後、トマジーニやバイヨ、ヴュータンなどの名ヴァイオリニストがこの曲を採り上げているが、いずれも高い評価を得ていない。

この曲の真価が確立するのは一八四四年、ロマン派の名ヴァイオリニストであるヨーゼフ・ヨアヒムが一三歳のとき、メンデルスゾーンの指揮によりロンドンで蘇演してからである。

ベートーヴェンがこの曲の作曲に費した時間は僅か五週間足らずで、作曲に取りかかったのは一八〇六年の一一月下旬、楽譜がソリストであるクレメントの手許に届いたのはコンサートの二日前、一二月二一日であった。ほとんど初見に近い状態であり、不評の原因のひとつがソリストの練習不足にあったことは間違いない。

またこの曲の管弦楽部分の書法は、それまでの作曲家の作品とは全く異なっていた。管弦楽はいわゆる〝伴奏〟ではなく、独自の楽想をもって、独奏ヴァイオリンと〝対話〟をするように書かれているのである。独奏ヴァイオリンはオーケストラの奏でる楽想をよく聴き、理解したうえで演奏することが求められる。コンサートの二日前に届いた楽譜からでは、ソリストはそんな新機軸を理解することはできない。オーケストラ・サイドも作曲者の意図する新機軸を理解し、実演に反映させることは不可能だったと思われる。成功にはメンデルスゾーンのような、自身が天才作曲家である、優秀な指揮者が必要であった。

この作品の特色の一つは、《「運命」》と同じように、第一楽章の冒頭に出現する単純な動機＝ティンパニのD（レ）、この音の四連打が、楽章全体を通じ執拗に繰り返される点にある。この〝固定動機〟とも言える象徴的な手法は、当時の人びとには平凡な箇所がただ繰り返されるだけのように思われたのかもしれない。

ともあれこの曲は現在、ブラームスとメンデルスゾーンの音楽と並んで「三大ヴァイオリン協奏曲」と呼ばれており、ヴァイオリン協奏曲の王者と言われる地位を獲得している。

ウィーン脱出計画

〔遂に、陰謀、奸計、ありとあらゆる卑劣な策動のため、今なお唯一の祖国であるドイツを去らざるを得なくなりました。ヴェストファーレン国王陛下のお招きにより、年俸六〇〇〇金ダカットで宮廷楽長として赴任します。就任承諾の旨ちょうど今日出したところです。今は辞令《デクレート》を待ち、旅装を整えるばかりです〕

一八〇九年一月七日付、ライプツィヒの音楽出版社ブライトコップ＆ヘルテル宛の書簡の一節である（『新編　ベートーヴェンの手紙』）。

前年の一二月二二日の音楽会の失敗にベートーヴェンは相当なショックを受けていた。彼はそれ以前、一一月の慈善演奏会のリハーサルの時点で、オーケストラや合唱団の一部に、「難聴気味のベートーヴェンの指揮では演奏できない」と反旗を掲げる者がいたためにこうした失敗に至ったと考えていたようだ。ベートーヴェンはウィーンの音楽界と聴衆に嫌気を感じるようになっていた。

実は一八〇八年の一〇月頃に、生まれ故郷のボンに近いヴェストファーレン国王のカッセルの宮廷から第一宮廷楽長就任への要請があったらしい。ヴェストファーレンの国王はナポレオン・ボナパルトの弟ジェローム・ボナパルトであった。コルシカ島生まれの二二歳の青年が兄の威光により一八〇七年に国王に即位し、カッセルに宮廷を構えていたのである。

ベートーヴェンはこの問題を一人では解決できず、友人たちに相談した。友人たちは大反対——鳩首協議の結果、ルドルフ大公、キンスキー侯、ロブコヴィッツ侯が分担して年額四〇〇〇フローリンを終身年金としてベートーヴェンに保証するなどの条件を提示して、彼をウィーンに引き止めることに成功した。一フローリンは現在の通貨価値に換算して約六万円である。金額的にもベートーヴェンを満足させ得るものであったし、その後のナポレオンの没落を考えると、ヴェストファーレンへ行かなかったのは実に賢明な選択であった。

弟子で秘書のリースの証言によれば、カッセルの宮廷に送り返すべき就任承諾書は準備されていたが、署名はされていなかったという。

弦楽四重奏曲《「ハープ」》と《「厳粛《セリオーソ》」》

ルドルフ大公たちの尽力によって生活が安定し、ウィーンに留まることを決めたベートーヴェンは創作意欲を取り戻す。

この年、一八〇九年の夏から秋にかけて、ベートーヴェンは三年ぶりに弦楽四重奏曲を作曲した。一八〇六年に発表した《「ラズモフスキー」》（作品59）の全三曲は弦楽四重奏という音楽のジャンルを一変させるような革新的内容を持っていたのにもかかわらず、作曲家本人が期待したような評価が得られず、落胆していたのかもしれない。

繰り返すようであるが、《「ラズモフスキー」・全三曲》は、それまで弦楽四重奏という音楽が担ってきた、私的サロンにおいて高度な教養を持った貴族階級などが「弾いて楽しむ」ための役割を、交響曲や協奏曲のような公開された演奏会のための「聴いて楽しむ」レパートリーへと大きく転換させた、革命的な内容を持っていたのである。

その頃、ベートーヴェンが念頭に置いた演奏団体は、アンドレイ・キリロヴィッチ・ラズモフスキー伯爵が結成させた、恐らくは史上最初のプロの弦楽四重奏団——名ヴァイオリニストのシュパンツィヒが率いるシュパンツィヒ弦楽四重奏団であったと思われる。

しかし、これは想像でしかないが、この音楽の完璧な再現は、当時では、このようなプロの団体をもってしても困難だったのではあるまいか。弦楽器の表現力の可能性を極限まで使い尽くすという技術的困難さと、ベートーヴェンが意図した超高度の音楽による理想の追求が、当時の音楽家には手に負えず、完璧に表現できたとは考えられない。一八〇〇年前後に作曲された「作品18」の六曲を含めて、《「ラズモフスキー」》のスケールは当時の弦楽四重奏曲の常識を全て覆《くつがえ》すほど巨大であり、曲想も複雑であった。

そのため、ベートーヴェンとしては全く新しいコンセプトを持つ作品群を創出したつもりだったろうが、世間からは彼の期待したほどの評価は得られなかった。

この結果に落胆したのであろうか。彼はこのジャンルからしばらく離れる。

しかし、ウィーン脱出を諦めたベートーヴェンは一八〇九年の夏から秋にかけて、《「ラズモフスキー」》とは異なる平明でわかり易い楽想の新しい《弦楽四重奏曲第一〇番　変ホ長調》（作品74）を書き上げた。被献呈者であり、自身もアマチュアの弦楽四重奏団を主宰するロプコヴィッツ侯爵の依頼であろうか。またはシュパンツィヒ弦楽四重奏団からの要請であろうか。或いは音楽出版社からの注文であろうか。

第一楽章の弦楽器同士のピッチカートの曲想から《「ハープ」》の愛称で呼ばれるようになるこの曲は、高い人気を獲得する。演奏技術としては《「ラズモフスキー」》と比べても決して易しくはないが、音と響きの密度は全く異なる。楽想は透明で楽しくても、音楽の内容には高邁《こうまい》な気品がある。やはりベートーヴェンにしか書けない音楽である。

交響曲でも然りであるが、翌年の一八一〇年から一一年にかけて、ベートーヴェンは前作とは全く異なる音楽的内容を持つ《弦楽四重奏曲第一一番　ヘ短調》（作品95）を作曲した。曲は一八一四年に改訂されたが、ベートーヴェンはこの曲の厳しい内容と濃縮された音楽的密度から、出版する気はなかったといわれている。

ベートーヴェンの自筆譜のタイトルには《クァルテット・セリオーソ（厳粛な四重奏曲）》と書かれている。音楽的内容の厳しさに加え、推敲を重ねて余分なものを全て削ぎ落とし、本質的な要素だけで音楽を作ったため、この曲の演奏時間は約二〇分——全一六曲の弦楽四重奏曲のなかでは最も短い。ベートーヴェンの中期から後期への移行期にはピアノ・ソナタなど、作品が短くなる傾向があった。

彼は一八一六年の一〇月、知人のスマート卿宛の書簡のなかで、〔注意。この四重奏曲は専門家の小サークルのために書かれたもので、決して公衆の前で演奏してはいけません」と記している（『ベートーヴェン事典』）。

初演は一八一四年に半公開の席上、シュパンツィヒ四重奏団によってなされ、楽譜の出版は一八一六年にベートーヴェン自身の承認を得てなされた。

異例ずくめの音楽であるが、ベートーヴェンは後述のスランプの時期を含め一〇年余り、弦楽四重奏曲の作曲から遠ざかることになる。

再開は一八二四年の《交響曲第九番》の完成後で、そこで作られた数曲は、弦楽四重奏曲というジャンルのみならず、全ての音楽のなかで至高の作品として結晶されていくことになる。

《ピアノ協奏曲第五番「皇帝」》

一八〇八年暮れのアカデミー演奏会の失敗から、ルドルフ大公などのウィーンの貴族たちの後援を受けて立ち直ったベートーヴェンは翌一八〇九年、絢爛豪華なピアノ協奏曲を書き上げた。その《第五番　変ホ長調》（作品73）は、出版人のJ・B・クラマーによって《「皇帝」》という愛称を付された古今のピアノ協奏曲の王者となる作品である。

作品の初演は従来、一八一一年一一月にライプツィヒのゲヴァントハウスでフリードリヒ・シュナイダーの独奏により行なわれたとされてきたが、何と、同じ年の一八一一年の一月、ウィーンでルドルフ大公の独奏による私的初演がなされていたことが、近年の研究で判明した。

ルドルフ大公は前述のように、ベートーヴェンのウィーン滞在時の最高のスポンサーであり、ピアノと作曲の弟子でもあった貴族である。彼は同じ一八一一年、ベートーヴェンのピアノ三重奏曲の集大成とも言える通称《大公トリオ》＝《ピアノ三重奏曲第七番　変ロ長調》（作品97）を献呈されることにより音楽史上に名を残すことになる人物であるが、ベートーヴェンも列席していたであろうし、私的とはいえ、この難曲の初演を成し遂げた腕前は驚くべきものだったと言えるだろう。

ルドルフ大公

《「皇帝」》は、第一楽章がピアノのカデンツァから始まる。そして再現部のカデンツァがすべて記譜されている。演奏者の即興演奏が普通だったカデンツァを、作曲者が書き入れることにより、他人による異質の要素が入りこむことを拒否したのであろう。そして、ロ長調という、ピアノ曲としては珍しい調性の緩徐楽章の第二楽章から休憩を挟むことなく、華麗なフィナーレ＝ロンド形式の第三楽章に雪崩《なだ》れ込む。

ベートーヴェンがこの曲を、自ら演奏したという記録はない。耳疾が進行し、このような難曲を人前で演奏することは困難になっていたのかもしれない。

曲の冒頭、独奏ピアノが大見栄を切るようなスタイルは、ロマン派のサン＝サーンスの《ピアノ協奏曲第二番》やグリーグの《ピアノ協奏曲》などに受け継がれていくことになる。

《ピアノ三重奏曲第七番「大公」》

ピアノ三重奏曲《トリオ》というジャンルは、ベートーヴェンが出現する以前は目立った傑作がない。ウィーン古典派の先輩ハイドン、モーツァルトにも「一流」と言える作品は無いのではなかろうか。

これはこの曲種がヴァイオリンとチェロの助奏のついたピアノ・ソナタという形で、良家の子女たちによって、サロン・コンサートの一形式として演奏されてきたという、一八世紀以前の風潮に由来するものと考えられる。

前述のように、ベートーヴェンがウィーンで自らの作品番号のついた音楽を発表したとき、「作品1」にこの曲種を選んだという行為は実に賢明であった。ベートーヴェンの「作品1」の三曲、特にハイドンが出版に難色を示した《第三番　ハ短調》は、それまでのピアノ・トリオの概念を一新するような傑作であった。この曲によって、サロン・ミュージックであったピアノ・トリオは、コンサート・ピースとしての地位を獲得したと言っても過言ではない。

しかしベートーヴェンは、何故かこのジャンルに本格的に取り組もうとはしなかった。交響曲の分野では《「英雄《エロイカ》」》、協奏曲の分野では《ピアノ協奏曲第三番》、弦楽四重奏曲では《「ラズモフスキー」》、ピアノ・ソナタでは《「悲愴」》、《「月光」》、《「熱情《アパッショナータ》」》、ヴァイオリン・ソナタでは《「クロイツェル」》など、永遠の価値のある画期的名作を発表しているが、ピアノ・トリオの分野では作品の数も少なく、後世に遺るような名曲を作曲していなかった。

しかし、彼は一八一一年、突如大作を発表した。ルドルフ大公に献呈され、一八一四年の初演時にベートーヴェンが生涯最後となる公開の席上でピアノを担当した《ピアノ三重奏曲第七番　変ロ長調「大公」》である。

全体で一二二六小節、演奏時間およそ三四分に及ぶ作品で、ひとりベートーヴェンのこの曲種における最高傑作であるのみならず、このジャンルにおける古今の最高傑作として名高い音楽である。彼はこの曲によって、ピアノ三重奏曲という音楽に最終解答を与えたと言うことができよう。

ヴァイオリンとチェロという二つの弦楽器の役割も、従来の作品に比べて飛躍的に増大した。ベートーヴェンは、三つの楽器の表現力を完全に把握し、活かし切ったのである。

特筆すべきは第三楽章アンダンテ・カンタービレ・マ・ペロ・コン・モートの変奏曲で、冒頭のピアノによって呈示されるニ長調の主題は、ベートーヴェンが創出した最も美しい旋律のひとつである。

部屋は「ゴミ屋敷」

当然のことながら、ベートーヴェンの時代には「写真」という技術がなかった。彼は有名人だったから、肖像画は沢山残っているが、それがどの程度正確だったかは誰にもわからない。多分に美化されたものであったことだけは想像がつく。

出典は明らかではないが、有名なアメリカの音楽評論家ハロルド・C・ショーンバーグが、ベートーヴェンの容姿と性癖について、次のように描写している。〔決してハンサムでなかった彼は、青年時代、色が浅黒かったために「スペイン人」というニックネームを付けられた。彼は約一メートル六十二センチと短身で、イカつくて肩幅が広く、大きな頭と夥《おびただ》しい髪の毛を持ち、反歯《そっぱ》で鼻は丸くて小さく、ところ構わず唾を吐く癖があった。彼は不器用で、彼が手を触れると何でもひっくり返ったり、壊れたりした。運動神経が鈍くて、いくら努力してもダンスは上達せず、ヒゲを剃る時はよく怪我をした〕（ハロルド・C・ショーンバーグ『大作曲家の生涯』亀井旭・玉木裕共訳、共同通信社）。

ベートーヴェンは生涯独身であった。

しかし、女性に興味が無かったわけではなく、何度となく結婚を意識しながら付き合ったが結果、ほとんどの愛情が非常に短期間しか継続していない。

理由のひとつは、彼の付き合った女性のほとんどが貴族階級の出身者に限られていたことで、身分制が定着していた当時の社会的環境のなかでは、いかに優れた芸術家といえども、貴族の子女を妻にするという行為は至難という以上に、「不可能」に近かったのである。また、音楽学者のなかには、彼の性癖として、或る女性に恋愛感情を持つと、かえって仕事の方に没頭してしまう傾向があったという者もいる。

並外れた才能の持ち主だったために、奇矯な行動も多かったようだ。ベートーヴェンがしばしば生活していたウィーン郊外のハイリゲンシュタットに私を招いてくれたことのあるウィーン交響楽団の首席ヴィオラ奏者ヘルベルト・ミュラーは、ベートーヴェンがよく訪れていた宿屋の主人と懇意で、宿屋の先祖の言い伝えを笑いながら話してくれた。「ベートーヴェンは夏、作曲に行き詰まると、自分の部屋の中で頭から水をかぶったりしたようです。たしか二階にいたらしいので、一階の天井から水が漏れてきて大変だったそうです」と。

彼は口では言えないほど散らかった環境に住んでいたが、その理由のほとんどは、彼の癇癪《かんしゃく》を我慢できる使用人がいなかったためであった。ベートーヴェンは猜疑《さいぎ》心《しん》が強く、使用人が買物などの釣銭を誤魔化しているのではないかと、常に疑っていた。だから、彼のもとでは使用人は一ヶ月以上続くのは稀で、一日で居なくなってしまう者もあったという。

〔一八〇九年、彼はド・トレモン男爵の訪問を受けたが、以下はショックを受けた男爵が、ベートーヴェンの住居の模様を述べたものである。

「極度に暗く、散乱した場所を想像してほしい――湿気のシミが天井を覆い、古くさいグランド・ピアノの上は埃まみれで、印刷や手書きの楽譜が積み重ねてある。ピアノの下には（私は誇張しているのではない）中身を空けていない寝室用便器が置いてある。その横には写字台をひっくり返した跡のついた、クルミの小さなテーブルがある。インキの固まったたくさんのペン先は、これに比べれば諺《ことわざ》にある酒場のペン先でも光っているくらいだ。それから、まだ楽譜がある。椅子はほとんど籐椅子だが、昨夜の食事の残った皿や衣服などで覆われている」」（『大作曲家の生涯』）

ベートーヴェンの部屋は、まさに「ゴミ屋敷」そのもので、ド・トレモン男爵の記述はほんの一例に過ぎない。だらしなさ過ぎて、通常の生活を営める状態ではなかったらしい。ベートーヴェンは、彼にとって真に重要であった唯一の問題——すなわち「自分の音楽」を除けば、万事に乱雑であった。

「不滅の恋人」の正体

そんな楽聖の人生にあって、音楽関係者のなかで最も有名な、しかも謎の多い〝不滅の恋人〟の存在がある。

彼の死後、「ハイリゲンシュタットの遺書」などとともに秘密の書庫から発見された三通の恋文によって知られることとなった。

音楽学者のメイナード・ソロモンは、〈ベートーヴェンは彼の人生で初めて、そしてわかっている限りでは唯一度だけ、彼が愛するとともに彼の愛に完全に応えてくれる女性を見出したのであった〉と記している（『ベートーヴェン』）。

〈七月六日、朝
私の天使、私のすべて、私の私《マイン・イッヒ》——今日はほんの少しだけ、そして鉛筆で（あなたの鉛筆で）——〉

で始まる一通目（同書）。

〈　　　　月曜日の晩　七月六日
君は悩む、汝わが最も貴きものよ。……ああ、僕が居る所、君は僕と一緒なのだ。僕は独りで、自分とまた君と話し合っている。君と一緒に暮らせるようにする。どんな人生だろう!!!!……どんなに僕を愛してくれても――僕の方がもっと強く君を愛している。しかし、決して僕から身を隠してはいけない。……われわれの愛は、本当に天の一殿堂とも言うべきものではなかろうか――しかも、蒼穹《そうきゅう》の如く堅固でもある」

と書かれた二通目。

「　　　　お早よう　七月七日

床にいるうちから、想いは君の許に馳せる。わが不滅の恋人よ、運命がわれわれの願いを聞き容れてくれるか、と期待しながら、時には喜ばしく、やがてはまた悲し。……おお、神よこんなにも愛し合っている者が、なぜ離れて居なければならぬのですか。W（ヴィーン）での僕の生活は今も惨めなものです。――君の愛は僕を最も幸福にもするが、また最も不幸な人間にもする。――僕の年齢になれば、生活にある確実さと安定が必要です。――それを僕たちの間でも求められるだろうか？……冷静に――心を落ちつけて、静かに熟慮して初めて、一緒に暮らそうという僕たちの目的は達せられるのだ。――冷静に――僕を愛して――今日――明日――何という涙に濡れた君への思慕――君の――君の――わが命――僕の総て――御機嫌よう――おお、いつまでも愛して――心から忠実な心を見誤らないでくれ。

君を愛するL

永遠に君のもの
永遠に僕のもの
永遠に僕たちのもの」

と書かれた三通目（『ともに『新編　ベートーヴェンの手紙』）。

この手紙には宛先が書かれていない。また書かれた年代も記されていない。しかし、そのような個人的な事柄よりも、このようにベートーヴェンの心を揺らした大恋愛が、いつ、どのような形で作品に反映されたのか――彼の作品研究の手掛りとしての意義は無視できない。

この手紙の研究者は、秘書だったシンドラーに始まって、作家のロマン・ロランを巻きこみ、数え切れない人数にのぼっている。

年代の手掛りは「月曜日、七月六日」と明記された第二の書簡で、該当する年は一七九五年、一八〇一年、一八〇七年、一八一二年である。

書かれた場所であるが、二通目に「湯治客らしく」という言葉があるので、ベートーヴェンが出掛けた時期と場所も手掛りとして推定できる。

また、相手としては、その頃ベートーヴェンを湯治場に訪れて、一層深い関係を結ぶことのできる女性は誰か。

さまざまな手掛りから推測して、現在では書かれた年代は一八一二年、時期は《交響曲第七番、第八番》作曲中という結論に達している。

状況証拠から、ベートーヴェンが〝不滅の恋人〟宛の手紙を書いたのは、いまのチェコの西北端、ドイツの国境に近い温泉場テプリッツであったことは、まず間違いない。

そして、その数日前、七月二日、三日にはベートーヴェンは約一〇〇キロメートル離れたプラハに居た。そこで彼は〝不滅の恋人〟と逢う。そのあと彼女はカルルスバードに赴いた。そして恐らくはウィーンに帰った。彼女はベートーヴェンとは長い間の恋仲で、彼女がプラハに会いに行ったか、偶然に会ったか——そこで恋が燃え上がり、極めて深い関係が結ばれたらしい。

しかし結婚するには大きな障害があった。彼女は既婚者であるが、結婚生活は幸せではなかった。しかし、何らかの事情でベートーヴェンとは結婚できない。

さまざまな候補者があげられるなか、近年、ヨゼフィーネ・ブルンスヴィク・ダイム伯爵夫人＝再婚後シュタッケルベルク男爵夫人説が有力視されている。ヨゼフィーネは二人の夫との間に六人の子供を抱えているので、従来は対象から外されていたのであるが、ベートーヴェンが彼女に宛てた熱愛の手紙が一九四九年に発見され、極めて有力な候補者となったのである。

彼女の結婚生活は幸せではなく、一八一二年の七月にはシュタッケルベルク男爵は事業に失敗して失踪中であった。

ヨゼフィーネは一八一三年四月九日、〝不滅の恋人〟への手紙から二八〇日ばかり経って、女児ミノーナを出産する。シュタッケルベルクはこの子供の出産にも洗礼にも立ち会わなかった。一八一四年の一〇月になって、シュタッケルベルクは現われ、ヨゼフィーネから全部の子供を奪って去る。ヨゼフィーネは再び彼と暮らすことはなかった。彼女は一八二一年三月三一日、四二歳の短い生涯を孤独で惨めな状態で終えた。ベートーヴェンはヨゼフィーネの生前に、生活費を送金し続けたらしい。

ヨゼフィーネ・ブルンスヴィク

テプリッツの景観

ヨゼフィーネの二人の夫との間の子供たちは平凡な才能の持ち主であったが、七人目のミノーナは才気抜群で、人の上に立って指図したりしたことから「女侍従長」などと渾名を付けられたことがあったらしい。生涯独身。一八九七年二月二七日に八三歳で亡くなるが、音楽的才能に恵まれ、作曲もしている。

　唯一人抜きんでた才能の持ち主であったことから、彼女についてはベートーヴェンの落とし児説があり、ヨゼフィーネへの生活費の送金はミノーナの養育費だったともいわれているが、多くの研究者は確証も根拠もないとして斥《しりぞ》けている。

《交響曲第七番》&《交響曲第八番》

〝不滅の恋人〟への手紙が書かれた一八一二年、《交響曲第七番　イ長調》（作品92）と《交響曲第八番へ長調》（作品93）が完成した。

一八〇八年の暮のアカデミーで《「運命」》と《「田園」》を発表してからほぼ三年間、ベートーヴェンは交響曲を作曲していない。公演の失敗を癒すためか、新しい作曲語法開拓の充電期間であったか、理由はわからない。弦楽四重奏曲における《「ラズモフスキー」》と《「ハープ」》の関係のように、従来の作曲姿勢への反省の思いも加わっていたのかもしれない。

この二曲、《「運命」》のような動機労作は放棄され、新しい「リズム動機法」が採用されている。《第七番》に対しては後世、ワーグナーが「舞踏の神格化《アポテオーゼ》」と評した。《第八番》についてはベートーヴェンが、「小規模な交響曲」と語ったことが誤解を生み、古典回帰とも受けとめられているが、これは同じへ長調の《「田園」》と比較してのことで、内容は充実しており、音楽的発想も斬新で、ベートーヴェンの中期様式の洗練された完成美と評することができる。

この二つの作品を書いたあと、ベートーヴェンは一二年間の長きにわたって交響曲を書いていない。本人は《第八番》をもって、この分野の一区切りと考えていたのかもしれない。

《ウェリントンの勝利・「戦争交響曲」》

〝不滅の恋人〟への手紙を書いた一八一二年の秋、ベートーヴェンは滞在先のテプリッツからウィーンへは戻らず、そのままリンツへと向かった。

リンツにはベートーヴェンの弟ニコラウス＝ヨハンが薬剤師として薬局を経営しながら、家政婦のテレーゼ・オーバーマイヤーと暮していた。ヨハンはなかなかの商才の持ち主で、リンツには豪邸を構えていたらしい。

テレーゼは家政婦として雇われていたが、いわゆる未婚の母で、アマーリエという婚外子を抱えていた。比較的やり手で、薬局の切り盛りもしていたという。ヨハンはテレーゼと結婚すると言い出し、知らせを受けたベートーヴェンは、どこの誰ともわからない男の子を産んだ女とヨハンが正式に結婚することには大反対——リンツにヨハンを訪ねて、長兄として説得にあたったが、ヨハンは言うことをきかず、一一月八日に結婚式を挙げてしまう。ベートーヴェンは仕方なく、結婚式を見届けてからウィーン

弟ニコラウス＝ヨハン

に帰った。

その頃、ヨーロッパでは激動の時代を迎えていた。初夏に約四四万人の大軍を率いてロシアに攻め込んだナポレオンのフランス軍は、厳寒の冬将軍に見舞われて餓死・凍死者が続出、ナポレオンがパリに帰還したときは、三万人弱になっていた。ナポレオンの没落はこのときからはじまる。

ウィーンでは、ナポレオンとの戦いにより異常なインフレーションが発生していた。そんななか、一八一二年にはスポンサーの一人であるキンスキー侯爵が事故死し、年金の給付が滞りはじめた。

一八一三年の春頃から、ベートーヴェンのもう一人の弟カールが病に倒れ、職を失う。ベートーヴェンは弟一家の面倒も看《み》なければならなくなり、生活が困窮する。しかも資金援助を受けていたロブコヴィッツ侯爵が劇場運営の失敗から破産、年金の支給が停止された。弱り目に祟《たた》り目という状況が続く。

この年の四月、回復の兆しがみえない弟カールは遺言状をしたため、息子カールの後見人としてベートーヴェンを指定した。

この頃、ナポレオン軍はイベリア半島に侵攻していたが、六月二一日にヴィットリアの戦闘でウェリントン率いるイギリス軍に大敗した。

この報せを耳にしたウィーン宮廷付き機械技師のヨハン・ネポムーク・メルツェルは、自分の発明した大型自動演奏装置のためにベートーヴェンに作品を依頼、《ウェリントンの勝利、あるいはヴィットリアの戦い・「戦争交響曲」》（作品91、Hess 108〈パンハルモニコン用作品番号〉）の作曲が九月に着手された。メルツェルは、ベートーヴェンの念願であるイギリス旅行を実現するために、オーケストラでも演奏できるようにとパート譜の作成を勧める。

この年の一二月八日、ウィーン大学の講堂において《ウェリントンの勝利》と《交響曲第七番》の公開初演が行なわれ、空前絶後の成功を収めた。一二日にも再演される。

《ウェリントンの勝利》の楽譜初版の表紙

《ウェリントンの勝利》ではオーケストラとイギリス軍とフランス軍を象徴する二つの軍楽を左右に配したステージ上で対向配置される。このコンサートではヴァイオリンの首席をシュパンツィヒが、ステージ外の楽隊の大太鼓を作曲家のフンメルが受け持ち、大砲（空砲）の一斉射撃を指揮したのはウィーン宮廷楽長のサリエリであった。当時の『ウィーン新聞』には、〈喝采は高まり、陶酔にまで達した〉と書かれている。《交響曲第七番》の初演も大好評で、第二楽章のアレグレットは両日の演奏会でアンコールを求められたらしい。

《ウェリントンの勝利》の人気は翌年も続く。一月二日にはアンコール公演が宮廷舞踏会場で行なわれ、二月二七日には《ウェリントンの勝利》に加え、《交響曲第七番》の再演と《交響曲第八番》の初演が催された。ウィーン音楽界におけるベートーヴェン人気は頂点に達する。《ウェリントンの勝利・「戦争交響曲」》は、ベートーヴェンの生前、最高の成功作となった。

この曲に加えて、彼へのウィーンの音楽界の讃辞は、《「運命」》と《「田園」》以来四年ぶりの新作交響曲に対する称讃であった。このとき以来ウィーンでは、彼自身のコンサートに加え、《第七番》と《第八番》は第三者の主催する音楽会でもしばしばプログラムに採りあげられるようになった。

《歌劇「フィデリオ」》の成功まで

ベートーヴェンの時代、作曲家としての成功の最大なるものは歌劇《オペラ》での成功であった。一八〇三年、すでにモーツァルトの《魔笛》の台本作者として大成功を収めたエマヌエル・シカネーダーはベートーヴェンに目を付け、自らが芸術監督を務めるアン・デア・ウィーン劇場内の居室をベートーヴェンに提供、台本探しと創作に専念できる環境を整えた。ベートーヴェンは当初、シカネーダーの台本による《ヴェスタの火》に取り組むが、台本内容に共感を抱けず、作曲を放棄する。

その後彼は、フランスの台本作家ジャン＝ニコラ・ブイイの作品《レオノーレ、または夫婦の愛》と巡り合い、宮廷法律顧問官のヨーゼフ・ゾンライトナーにドイツ語翻案を依頼した。

原作はフランス革命期からナポレオン戦争時代に、一世を風靡《ふうび》した典型的な「救出オペラ」の代表作である。救出オペラは圧政に苦しむ民衆の真実の声を表現した社会的性格を持ったジャンルで、啓蒙思想期を経たこの時代ならではの新しい劇表現として出現した。

主人公の危機一髪の脱出や救出をドラマティックに表現するという筋書きで、大衆の人気を得やすい作品分野であった。

ストーリーは、政敵の陰謀により秘密の地下牢に二年以上幽閉された貴族フロレスタンを、男装した妻レオノーレがフィデリオと名乗って潜入、フロレスタンの友人で大臣のドン・フェルナンドの助けを借りて救出するという夫婦の愛を称《たた》える物語。テーマはベートーヴェンにとっての理想的な女性像、夫婦愛の表現であった。

《歌劇「フィデリオ」》（作品72）初演は一八〇五年の一一月二〇日。しかしその一週間前、ナポレオン率いるフランス軍がウィーンを占領、ベートーヴェンの観客たる貴族や富裕な音楽愛好家の多くはウィーンから疎開している状況下で、ドイツ語を理解できる観客は作曲家の友人数人のみ――客席の多くを占めるのはドイツ語を解しないフランス軍の将校たちであった。上演の成果は挙げられなかった。上演は三日で打ち切られ、初演は失敗に終わる。

その後、ベートーヴェンは友人たちと協議を重ね、一八〇六年に第二稿が、一八一四年に第三稿＝決定稿が出来上がった。第三稿は一八一三年の《ウェリントンの勝利》の圧倒的成功をみた劇場主たちが、いまならば《「フィデリオ」》で好評を得ることができるだろうとベートーヴェンに再演を打診、出来上がったものであった。その初演は一八一四年五月二三日、ケルントナートーア劇場で大成功を収めた。この年の一一月二一日には、作曲家のウェーバーの指揮によってプラハでも上演され、大好評を博している。

　このオペラには序曲が四曲ある。一八〇五年の上演の折の《序曲「レオノーレ」第二番》、一八〇六年の《序曲「レオノーレ」第三番》、一八一四年の《序曲「フィデリオ」》である。《序曲「レオノーレ」第一番》は当時、演奏されていない。この曲の初演は一八二八年二月七日、チェリストのベルンハルト・ロンベルク主催のウィーンの音楽会で行なわれた。ベートーヴェンはその前年、他界している。

　この時代、一八一二年に最後の《ヴァイオリン・ソナタ第一〇番　ト長調》（作品96）が書かれた。クロイツェルとライヴァル関係にあったヴァイオリニスト、ピエール・ロードの依頼による。初演はこの年の一二

ロード

《「フィデリオ」》初演時のプログラム

月にロブコヴィッツ侯爵邸で行なわれた。ピアノはルドルフ大公――ロードの技巧は大分衰えていたようで、『リンツ音楽新聞』の批評には〈ヴァイオリン・パートよりもピアノ・パートのほうがはるかに優れた演奏をし、作品の精神によりふさわしく、より豊かな心情を持っていた〉と記されている。

《第九番「クロイツェル」》から実に九年ぶりの作品で、ベートーヴェンの中期から後期への移行期の特徴＝「カンタービレ期」の特徴をよく表している。

出版は四年後の一八一六年の七月であるが、ベートーヴェンは初演時より大幅に手を加えているようだ。協奏的スタイルの《「クロイツェル」》とは異なり、二つの楽器が極めて親密な対話を繰り広げる。

甥カールの後見問題とスランプの時期

一八一四年の三月、ヨーロッパを震撼させていたナポレオンが対仏連合軍に敗れる。連合軍はナポレオンを退位させたうえエルバ島に流刑、処刑されたルイ一六世の弟をルイ一八世として即位させることでブルボン王朝を復活させた。

ナポレオン戦争後のヨーロッパの秩序を回復させる目的で、オーストリア外相クレメンス・ヴェンツェル・メッテルニヒを主宰国議長として一八一四年九月から「ウィーン会議」が開催された。ナポレオンによって面目を失っていたハプスブルク家が、旧神聖ローマ帝国皇帝としての威信を取り戻そうという意図が背景にあったことは間違いない。

しかし、ナポレオンによって変えられた国境をどうするのかなど困難な問題で各国の利害は鋭く対立、議事は停滞した。ウィーン会議は実に一〇ヶ月にも及んだ。

会議の開催国オーストリアのハプスブルク家は、自らの文化をＰＲすべく、参集した各国の首脳たちを全力をあげて持て成した。日中の会議が終ったあとは宴会や舞踏会を催し、連夜大盛況となった。後日有名になる「会議は踊る、されど進まず」という言葉は、このときの状況をあらわしている。

アトラクションは舞踏会に限らず、コンサートやオペラも盛んに催された。音楽家たちにもさまざまな活躍の場が与えられる。

ウィーン会議終了後の一八一五年一一月一五日、ベートーヴェンの弟カスパル＝カールが結核で死ぬ。彼はウィーンで兄のベートーヴェンのために、ときどき雑事を手伝っていた。ベートーヴェンは一八二三年の会話帳に、〈弟の結婚は、彼の愚かさ加減だけでなく不道徳性を示している」と書いているが、これはカスパル＝カールと妻ヨハンナ・ライスとの結婚式が一八〇六年五月二五日で、息子カールが同じ年の九月四日に生まれたからである。

死の床にあったカスパル＝カールは、一八一五年一一月一四日、遺言書のなかに、「私はわが妻に加えて兄ルートヴィヒ・ヴァン・ベートーヴェンを共同後見人に任命する」と記した。ベートーヴェンは弟の希望に逆らって、ベートーヴェン家の唯一の次世代の男子であるカールの独占的な養育権を主張する。彼は一一月二八日に、貴族にかかわる法律問題を取り扱うラントレヒト＝貴族裁判所に、カスパル＝カールの妻のヨハンナが「道徳性と知性の両面で甥カールの後見人となる資格を欠いている」と提訴し、この少年を引き取る権限を獲得した。

ベートーヴェンは九歳の少年カールに理想的な教育を施そうと考え、一八一六年の二月に、ウィーンで評判の高い私立学校に入学させ、チェルニーのピアノ・レッスンを受講させることにする。ベートーヴェンの生活は常に父親の役割を意識したものに変わり、大作に挑む気迫と余裕が失われていく。

カールの母親ヨハンナとの養育権を巡る争いは泥沼化し、ベートーヴェンが最終的に勝利を獲得したのは一八二〇年であった。

だが、カールはベートーヴェンが望んだような成長を示さず、学校も入退学を繰り返す。カールにとって伯父ベートーヴェンの存在は息詰まるようなものだったのかもしれない。一八二六年の七月、カールはピストルで自殺を図る。幸い命は取り止めたが、カールはベートーヴェンから離れ、軍隊に入隊してしまう。

第6章　ベートーヴェン後期の傑作群

後期のピアノ・ソナタ

甥カールを巡る問題などの影響で、一八一三年から一六年にかけて、ベートーヴェンの作品年表には彼らしい名作が誕生していない。一八一五年の七月と八月、シュパンツィヒ弦楽四重奏団のチェロ奏者ヨーゼフ・リンケのために作曲された《チェロ・ソナタ第四番　ハ長調》（作品102－1）と《チェロ・ソナタ第五番　ニ長調》（作品102－2）の二曲くらいである。

カール問題は別にしても、ベートーヴェン自身の体調も芳しくなく、当時のウィーンの聴衆の趣味嗜好も快楽的傾向に向かい、ロッシーニのイタリア・オペラなどが持て囃《はや》され、ベートーヴェンが中期に目指していた英雄的スタイルは次第に顧みられなくなっていたのである。

チェロ・ソナタは五曲書かれたが、一八〇七年から〇八年にかけて作曲された《第三番　イ長調》（作品69）が《ヴァイオリン・ソナタ第九番「クロイツェル」》に匹敵する大傑作。彼の覇気と集中力が存分に発揮された中期の「傑作の森」の一角を占める名作である。古今のチェロ・ソナタの代表作と言っても過言ではない。

一八一四年から一六年の三年近くの間、ベートーヴェンは《ピアノ・ソナタ第二七番ホ短調》（作品90）と《ポロネーズ　ト長調》（作品89）くらいしかピアノ曲を書いていない。

しかし一八一六年の五月頃、ベートーヴェンは新たなピアノ・ソナタを作曲しはじめ、同年の一一月に完成する。《ピアノ・ソナタ第二八番　イ長調》（作品１０１）である。多彩な和声語法とカンタービレな旋律性を有し、シューベルトなどの初期ロマン派の作曲に影響を与えることになる大作で、ベートーヴェンは長いスランプの時期を脱した。ベートーヴェンはこの頃から、晩年の孤高の様式に入ってゆく。

一八一八年の年明け、一月三日に、ベートーヴェンはロンドンのブロードウッド社から新作のピアノを寄贈したいとの連絡を受け取る。彼はその前年の一八一七年の秋、漠然とした模索のうちに取りかかった新作のソナタの第一楽章を、翌年の春にはおおよその形まで整えていた。

ブロードウッド社の新作ピアノはジブラルタル海峡を渡って地中海に入り、イタリアのトリエステで陸揚げされるルートで運ばれたようで、ベートーヴェンの手許に到着したのは二月のことであった。

作曲中の《ピアノ・ソナタ第二九番　変ロ長調「ハンマークラヴィーア」》（作品106）には、ブロードウッドならではの表現が盛り込まれることになる。嬰ヘ短調の緩徐楽章（第三楽章）は深刻で悲歌的《エレジー》抒情を湛《たた》え、終楽章は長大で、四〇〇小節に及ぶ三声フーガの八部構成——ベートーヴェンの晩年に作られたピアノ・ソナタの代表作のひとつである。

ベートーヴェンはそのあと、三曲のピアノ・ソナタの名曲を書き上げた。一八二二年作曲の《第三二番　ハ短調》（作品111）は、約四〇年にわたって書き続けられてきたピアノ・ソナタの最後の作品である。二楽章構成というソナタとしての最小楽章構成をとる一方で、第一楽章にハ短調、第二楽章にハ長調という対極的な調性を採用、《交響曲第五番「運命」》や《交響曲第九番「合唱付き」》に見られる「苦悩との闘争を経て勝利に至る」という彼の根本的創作理念が表明されている。

《「ハンマークラヴィーア」》はルドルフ大公に献呈され、ベートーヴェンは楽譜出版社に、「ピアニストを生み出すソナタを渡すよ。五〇年たっても演奏は至難だ」と言ったと伝えられる。作曲者の生前に演奏された記録は残っていないが、後にクララ・シューマンがレパートリーに採りあげ、リストも弾いたと伝えられている。

《荘厳ミサ＝ミサ・ソレムニス》

ベートーヴェンにとって最大のスポンサーであり、ピアノ奏法と作曲法の弟子でもあったルドルフ大公は前述の通り皇帝レオポルト二世の末子で、皇位継承の可能性は少なかったが、高位の聖職者となることが定められていた。

一八一九年三月、そのルドルフ大公がモラヴィアのオルミュッツ〔現在のチェコのオロモウツ〕の大司教に内定した。即位式は翌一八二〇年三月九日である。

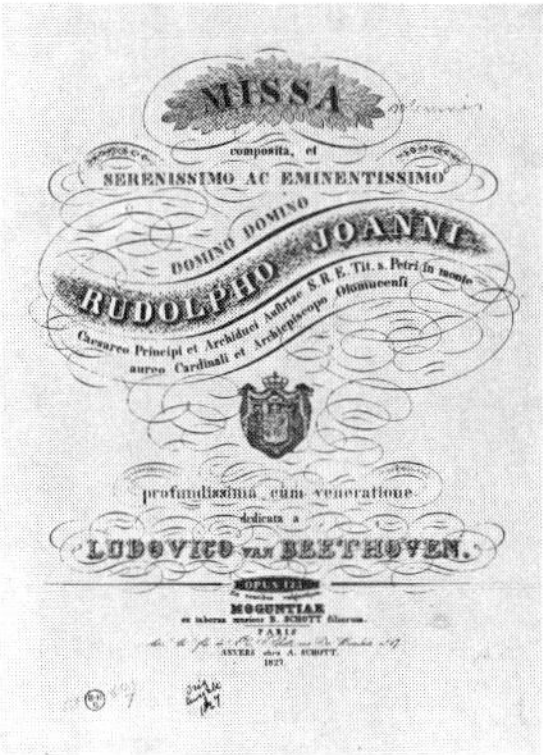

《ミサ・ソレムニス》初版

ベートーヴェンはその報せに喜び、一八一九年六月上旬、〔わたしの作曲になる盛儀ミサが殿下の御就任の式典で演奏されます日こそ、わが生涯の最良の日でございましょう〕という文面の手紙を大公に送った（『新編　ベートーヴェンの手紙』）。

しかし沈滞期に創造の活力を失ってしまった彼は、回復に死力を尽くさねばならない。ミサの各主題を確定するためにも、いま残っているだけでも

ベートーヴェンの肖像画

七〇〇枚以上のスケッチが書かれた。完成には四年前後の歳月を費し、《荘厳ミサ＝ミサ・ソレムニス　ニ長調》（作品123）の初演は一八二四年四月七日、サンクトペテルブルクの旧フィルハーモニーホールで行なわれた。ちなみに、左手に《ミサ・ソレムニス》と表題の記されたノートを持って、右手の鉛筆で譜面を書いている姿を描いた有名な肖像画は、一八二〇年頃、マインツ出身の肖像画家ヨーゼフ・カール・シュティーラーによって描かれたものである。

《ミサ・ソレムニス》の自筆総譜《スコア》の第一章〈キリエ〉の冒頭には、ベートーヴェンの自筆により「心より出で、願わくば、再び心に至らんことを＝Von Herzen – Möge es wieder – zu Herzen gehn!」という言葉が記されている。

《交響曲第九番「合唱付き」》

一八一三年から英京ロンドンに住み、ロンドン・フィルハーモニー協会の理事になっていたかつてのピアノの弟子フェルディナント・リースから、一八一七年六月付の手紙がベートーヴェンの許に届いた。その内容。

⑴次の冬の演奏会シーズンにロンドンに来訪していただきたい。

⑵ロンドン・フィルハーモニー協会のために二曲の大交響曲を作曲して欲しい。この作曲の所有権は当協会のものとする。

⑶二月末に始まり六月前半まで続く当協会の八回のコンサートの前およびこの期間中に、ロンドンのいかなる演奏会にも大編成のオーケストラのための作品を作曲提供したり、それを自ら指揮したりしないこと。


謝礼は金貨三〇〇ギニーという高額であった。

ベートーヴェンは、一八一八年一月前半には渡英の意志があることを表明、謝礼に加え旅費一〇〇ギニーを要求する。難聴のため、同伴者を必要とするというのがその理由であった。

条件が折り合わなかったためかもしれない。ベートーヴェンのロンドン訪問は中止となる。そのあと、ロンドン訪問計画は一八一九年一月、一八二〇年初頭にも再燃したが、結局、訪英は実現しなかった。難聴と健康上の問題が理由であったと思われる。

この頃、《交響曲第九番　ニ短調「合唱付き」》（作品１２５）のための素材がスケッチ帳に散見されるようになった。しかし、《ミサ・ソレムニス》や《ピアノ・ソナタ第三〇番、第三一番、第三二番》などの作曲により構想は中断され、四年余りを経て一八二二年の暮れ頃から作曲が再開される。完成は一八二四年二月中旬——全曲作曲の集中期間は一年と三ヶ月ほどと考えてよい。

第四楽章にシラーの頌詩『歓喜に寄す』を導入しようと決意したのは一八二三年秋以降のことで、それまでは《交響曲第九番》のフィナーレは、純粋な器楽による終楽章として想定されていた。

シラーが頌詩『歓喜に寄す』を書いたのは一七八五年である。この詩は一七八六年発行の雑誌『ラインのターリア』第二号に掲載され、作曲者不詳の合唱曲の楽譜が添付されていた。

ベートーヴェンがいつこの詩の存在を知ったかは明らかでない。第2章で触れたが、一七九三年一月二六日付の手紙でシラー夫妻の友人であったバルトロメウス・ルートヴィヒ・フィシェニヒがシラー夫人のシャルロッテにベートーヴェンについて、〔彼は選帝侯によってウィーンのハイドンの許に派遣されました。私が思うにこの青年は偉大なものや崇高なものに夢中になる性格をもっており、シラーの『歓喜に寄す』を全節作曲しようとしており、私はそれが完全に作曲されるだろうと期待しています」と報告している（『ベートーヴェン事典』）。

ベートーヴェンは一七九二年の一一月二日にボンを旅立ち、ウィーンに向かっているから、この手紙での報告は時期的に遅いと思われるが、彼がボン時代にこの詩の存在を知っていたことは間違いない。

《交響曲第九番》フィナーレの主題となる〝歓喜のメロディー〟の最初の形は、一七九四～九五年の作曲になる《歌曲「相愛」》（ＷｏＯ１１８）である。彼はまだボンにいる時代にシラーの詩全篇に作曲をしようと試みたらしいが、結実したのは三二年後であった。

〝歓喜のメロディー〟は一八〇四年《歌劇「フィデリオ」》第一稿のスケッチ、一八〇八年《合唱幻想曲》（作品80）、一八一〇年《歌曲「絵を描いた薄絹で」》（作品83-3）に、また一八一九年《歌曲「婚礼の歌」》（ＷｏＯ１０５）と一八二二年作曲の《歌曲「盟約の歌」》（作品１２２）へと一本の糸のように繋がっていく。

ベートーヴェンは《交響曲第九番》の初演をウィーンで催すことに乗り気ではなかったらしい。彼は《ミサ・ソレムニス》の再演も含めて、演奏会についてベルリンの王立歌劇場の総監督であったカール・フリードリヒ・モーリッツ・パウル・フォン・ブリュール伯爵との間で話し合っていたという。

当時のウィーンではロッシーニ旋風が吹き荒れていた。一八二二年に「ロッシーニ・フェスティヴァル」が催され、ウィーンの劇場はすべてロッシーニのオペラを上演し、集客を競っていたのである。フランツ・シューベルトのオペラも上演の機会を失い、ベートーヴェンの《歌劇「フィデリオ」》も上演ができないような状態であった。

ウィーンの音楽愛好家たちはブリュール伯爵とベートーヴェンの話し合いを聞きつけ、エドゥアルト・フォン・リヒノフスキー侯爵（ベートーヴェンの有力なパトロン、カール・フォン・リヒノフスキー侯爵の息子）を筆頭にウィーンの名士三〇人の署名を集め、ベートーヴェンに《ミサ・ソレムニス》の演奏と新作の《交響曲第九番》の初演をウィーンで催すよう嘆願書を提出した。

ベートーヴェンは友人や劇場関係者と新交響曲のウィーンでの初演について話し合いを持つようになる。劇場はベートーヴェンが総指揮者として想定していたミヒャエル・ウムラウフとコンサートマスターのシュパンツィヒが属するケルントナートーア劇場と決定された。

初演の予定日は一八二四年の四月八日であったが、ベートーヴェンの自筆スコアの浄書とオーケストラ用のパート譜の作成、声楽練習用のヴォーカル・スコア（ピアノ伴奏版）が仕上がったのが四月二〇日だった上、オーケストラの補強、合唱団の調達、ソリスト四人の選出に手間取り、結果的にはコンサートの開催は五月七日まで延期された。来場の予定だった皇帝一家は夏の保養で五月五日にウィーンを離れたため、コンサートへの臨席は叶わなかったという。

五月七日の午後七時、満席のケルントナートーア劇場で歴史的なコンサートが始まる。プログラムは《「献堂式」序曲》に始まり、次いで《ミサ・ソレムニス》から三曲、〈キリエ〉、〈クレド〉、〈アニュス・デイ〉が演奏された。最後に《交響曲第九番》——第二楽章のあとにも拍手が沸き起こった。

最終楽章が終ると、満場は拍手と歓声の渦——しかし、耳の聴こえないベートーヴェンは、指揮者ウムラウフの横に立ったままスコアに見入っている。アルト歌手のウンガーに促されて客席に向き直ったベートーヴェンは、思い出したように客席に頭を下げる。拍手喝采は頂点に達し、聴衆の多くが「ヴィヴァント！（万歳！）」と声を掛けた。

カーテン・コールは四回に達する。遂に警察官が「静粛に！」と叫び、カーテン・コールを中止させた。当時の習慣では、皇帝を迎え入れる歓呼でさえも三回までと決まっていたからである。

コンサートは大成功であったが、経済的利益はベートーヴェンの期待を大きく裏切った。

ウィーンのケルントナートーア劇場

入場料の総収入は二二二〇グルデンにのぼったが、劇場側にホールの使用料とオーケストラや独唱者、合唱団に対する謝礼一〇〇〇グルデンが支払われ、楽譜の写譜代七〇〇グルデンやポスターやプログラムなどの雑費二〇〇グルデンを差し引くと、ベートーヴェンが受け取る純利益は三二〇グルデンにしかならなかったのである。

翌日、コンサートの功労者ウムラウフやシュパンツィヒ、秘書のシンドラーなどを招いてプラーターの料理店「ツム・ヴィンデルマン」で催された慰労会は、収入の少なさにベートーヴェンが落胆し、憤懣《ふんまん》を爆発させる集《つど》いとなる。彼はその場で、劇場管理者とシンドラーが収入を誤魔化したと叫んだのである。招かれた何人かが腹を立て、席を立ち去ったのはいうまでもない。

ベートーヴェンは再演を試みる。パルフィ伯爵の肝煎りで五月二三日、昼の一二時半から宮廷大舞踏会場の大レドゥーテンザールで同じプログラムによるコンサートが催されたが、行楽日和の日曜日に当たっていたため、会場の入りは半分にも満たなかった。

交響曲に声楽を加えるという試みはベートーヴェンが最初ではなかったといわれているが、最終楽章の冒頭でそれまでの三楽章のモティーフを否定し、「おお、友よ、これらの調べではない！　もっと快い調べを共に歌おうではないか、もっと喜びあふれる調べを」（ベートーヴェン）という前口上を加えて、全曲を理想と意志の力で統一した作品はこの音楽をもって嚆矢とする。

シラーの頌詩は全九節よりなり、各節は八行の詩節と四行の応答句《コーラス》よりなる一二行で構成されていた。九節全体では一〇八行になるのであるが、シラーは一八〇三年になって自作選集の出版を計画し、検閲をパスするために改訂を加え、最終節一二行を削除し、全八節とした。ベートーヴェンが《交響曲第九番》で用いたのは、そのなかから抜粋された三六行である。

原詩は一八世紀の啓蒙思想を根底に置きながらも、フリーメーソン集会とか結婚披露宴の酒盛りの歌にふさわしい友愛や兄弟愛、崇高な理念などが謳《うた》われている。ベートーヴェンが手掛ける前にシューベルトを含め、四〇人以上の作曲家がそのような目的をもった歌曲や合唱曲としてメロディーを付しているが、ベートーヴェン一人だけが人類愛、世界平和などを願う詩というメッセージを引き出したと言えるかもしれない。

この曲の創作が後世の作曲家たちに与えた影響は絶大であった。シューベルトは、「ベートーヴェンのあとで、僕たちはいったい何ができるだろう」と嘆声を洩らした。ブラームスは一八五五年に二二歳で《交響曲第一番　ハ短調》の作曲に取りかかってから完成までに二一年の長期間を必要とし、発表は一八七六年、四三歳になってからであった。リストは交響曲作曲の計画を放棄し、《交響詩》という新しい分野を創造する。そしてベートーヴェンの交響曲全曲をピアノ曲に編曲し、自らのレパートリーとしてリサイタルで演奏した。録音という技術が無かった時代、リストが高度の編曲技術と演奏技巧を駆使してベートーヴェンの音楽をヨーロッパ各地に普及させた功績は大きい。ワーグナーは一九歳のとき、若書きの《交響曲　ハ長調》を作曲したが、ベートーヴェンの巨像に直面してこのジャンルの創作意図を放棄、歌劇と楽劇の作曲に専念する。

また、「第九番」という数字は、後世の作曲家たちにとって一種のトラウマとなる。「交響曲第九番を作曲すると寿命が尽きる」という心理が作曲家たちを支配するようになった。ドヴォルザークは偶然かもしれないけれど九番目の交響曲《「新世界より」》を作曲したあと亡くなったし、交響曲作家《シンフォニスト》のブルックナーは《第九番》を三楽章まで書いて命を落とした。マーラーは、そのようなトラウマを避けるべく、九番目の独唱付き交響曲を《大地の歌》と名付けたが、そのあと《交響曲第九番》を作曲し、《第一〇番》を作曲中に他界した。

二〇世紀最大の交響曲作家ショスタコーヴィチは一九四五年、音楽界の期待と注目のなか《交響曲第九番》を発表する。大方の予想に反し、曲はベートーヴェンの《第九》の正反対――演奏時間は半分にも満たない軽妙な音楽であった。ショスタコーヴィチはベートーヴェンの《第八》に似た新古典主義的な作品の創作により《第九》のトラウマを脱し、六九年の生涯に一五曲の交響曲作品を書き上げることになる。

最晩年――孤高の弦楽四重奏曲

ベートーヴェンが《弦楽四重奏曲第一一番 ヘ短調「セリオーソ」》（作品95）を作曲したのは一八一〇年から一一年にかけてである。以来一二年近く、彼はこのジャンルに手を染めていなかった。

ベートーヴェンは一八二二年六月五日付の楽譜出版者カール・ペータース宛の手紙に、提供できる作品の一つとして、〔ヴァイオリン二、ヴィオラ、チェロの四重奏曲一曲、五〇ダカット、これも近々お渡し出来ます〕と書いている。また同じペータース宛の同年一二月二〇日付の手紙には、〔わたしは歌劇、交響曲、教会音楽かそれに加えても四重奏曲と言ったもの以外は作曲しないでしょう〕と記し、老後の作品のジャンルを明確にしている（『ベートーヴェン書簡選集』小松雄一郎編訳、音楽之友社）。

ロシアのサンクトペテルブルクの音楽愛好家で、チェロの名手でもあったニコラウス・ボリソヴィチ・ガリツィン侯爵は一八二二年一一月九日付の手紙で、〔私は熱狂的な音楽愛好家で、あなたの才能の大賛美者です。……一曲、二曲、あるいは三曲の新しい四重奏曲を作曲していただきたいと思っています。報酬はあなたが適当であると考えるだけのものをお支払いしたいと思っています〕と、ベートーヴェンに弦楽四重奏曲の作曲を依頼してきた。

《「セリオーソ」》以来、一二年近くこの分野の創作から遠ざかっていたベートーヴェンの脳中には、新しい弦楽四重奏曲作曲のアイデアと意欲が湧いていたのであろう。ガリツィン侯爵からの打診は、まさに渡りに舟であった。

しかし、ベートーヴェンには、なすべき仕事が残っていた。一八二三年初頭には懸案の《ミサ・ソレムニス》と、ピアノ音楽の集大成ともいうべき《ディアベッリのワルツによる三三の変奏曲　ハ長調》（作品１２０）を完成、《交響曲第九番》にも精力を集中する必要があった。

ベートーヴェンは一八二三年一月二五日付の手紙で受諾の返事を認《したた》める。ガリツィン侯爵はそれを喜び、前金として五〇ダカット（二〇〇グルデン）の送金を手配、更に二作分として一〇〇ダカットを送るつもりだと記している。ガリツィン侯爵はその後も数回、ベートーヴェンに手紙を書いているが、その年の一一月二九日には、〔あなたの新しい四重奏曲を手にしたいと辛抱しきれないほど待っています。とは言うものの、そんなことは気になさらずにいて下さい。これを導くのはただあなたの霊感と、意欲にかかっているのです。御自分の天才と言えどあなたにも自由になる訳ではなく、むしろその赴くままにしておくのがよいことを、わたし以上に判っている者はないと思っておりますから。それ以上に、あなたの生涯は芸術を個人の利益のために犠牲になさるような種類の方でないこと、注文で音楽など創るなどは全くあなたのお仕事ではないことを承知しているからです」という内容の長文の手紙をベートーヴェンに送っている（『新編 ベートーヴェンの手紙』）。

一八二三年と二四年五月までは《交響曲第九番》の作曲と初演に忙殺され、意欲はあっても、ベートーヴェンは弦楽四重奏曲の作曲に手を染めることはできなかった。

その後、最晩年の傑作群のトップ・バッターとして、《弦楽四重奏曲第一二番　変ホ長調》（作品１２７）が一八二五年二月に完成する。

一八二三年四月末、没落したラズモフスキー伯爵から解雇され、弦楽四重奏団を解散してロシアに去ったシュパンツィヒがウィーンに帰って来た。彼は一八一六年にウィーンを離れ、ベートーヴェンは弦楽四重奏曲作曲の意欲を失っていたのである。シュパンツィヒが再結成した団体は一八二三年の六月から弦楽四重奏の夕べを催していた。

一八二五年三月六日、《弦楽四重奏曲第一二番》の初演がシュパンツィヒ等によって行なわれたが失敗であった。十数年前の《「セリオーソ」》と、形式も盛り込まれている理念も全く異なる曲であることから、ベートーヴェンは、シュパンツィヒ等の演奏に大きな危惧の念を抱き、四人に「最善を尽くす」という署名入りの誓約書まで書かせたのであるが、

ベーム

シュパンツィヒの練習不足と、彼がベートーヴェン後期の複雑で独特な作曲手法を理解できなかったことが失敗の要因であった。シンドラーの伝えるところによると、聴衆は音楽が何を表現し、何を語っているのか全くわからなかったという。

ベートーヴェンは再演を希望するシュパンツィヒの嘆願を許さず、第一ヴァイオリンをヨーゼフ・ベームに交替させ、作曲者自身もリハーサルに立ち会い、三月一八日に再演、成功を収める。その後、シュパンツィヒ自身も第一ヴァイオリン奏者に復帰してコンサートを催し、再演を成功させた。この曲は聴衆に気に入られ、二ヶ月のうちに六回演奏されることになる。

この曲にはいくつかのエピソードがある。シュパンツィヒがベートーヴェンに、〔ヴァイオリンという楽器の性質上、演奏、表現の上に限界がある、ベートーヴェンの曲はそれを無視している〕と苦情を言ったところ、ベートーヴェンは〔精神《ガイスト》がわたしに語りかけている時に、君の哀れなヴァイオリンのことなど考えていられると思うか〕と言い返したという話（『新編 ベートーヴェンの手紙』）。

またベートーヴェンがベームの練習に立ち会ったときのベーム本人の手記。

〔ベートーヴェンは部屋の一隅にうずくまって、何も聴こえないのに、ただ緊張した注意力で弓使いを眼で追い、テンポ、リズムのいささかの乱れにも注意して進めていった。終楽章の終わりで〝メノ・ヴィヴァーチェ〟（ヴィヴァーチェよりもゆっくりと）と指定されている箇所をベームは自分の解釈で同じテンポで弾いていくと、ベートーヴェンは最後の弓を弾き終えた時、〝その通りにしてよろしい〟と言って、譜面台の所に行って〝メノ・ヴィヴァーチェ〟の指定を消してしまった〕（同書）

ベートーヴェンは耳が聴こえなくても、目で弓を追い、熱心に演奏を仕上げていったのである。

神への感謝の歌

一八二五年二月、《弦楽四重奏曲第一二番》を完成させた直後から、ベートーヴェンは《弦楽四重奏曲第一五番　イ短調》（作品132）に全力で取り組む。昼夜を分かたず作曲することもあって疲労がたまり、四月半ばには倒れて、作曲の中断を余儀なくされた。病気は死の先ぶれの黄疸《おうだん》で、症状はかなり深刻なものであった。五月には静養のためバーデンに移る。

一八二五年五月一三日に、彼はウィーンにいる主治医アントン・ブラウンホーファー博士に手紙を書いている。

〔……非常に衰弱しています。胸やけなどします。いよいよもっと強い薬が必要のようです。……わたしのカタル症状は次のような具合です。かなり多量の血を吐きました。たぶん気管からだと思います。鼻血はよく出ます。この冬は何度も出ました。しかも、胃はとても弱っています。これはわたしの体質でしょうが、胃が悪いのは間違いありません。自分の体質を考えると、それだけでも元の力を取り戻すのは難しいようです。……〕（『新編 ベートーヴェンの手紙』）

ブラウンホーファー博士は投薬のほか、食事療法と十分な睡眠を徹底する治療にあたった。

ベートーヴェンは軽い散歩ができるまでに回復し、《第一五番　イ短調》の作曲に戻る。ギリシャの教会旋法の一つであるリディア旋法による第三楽章〈病癒えた者の神への感謝の歌〉が出来上がった。〈神への感謝の歌〉は、巨大な規模、深い内容、強いメッセージ性など、その特性のいずれをとっても古今の弦楽四重奏曲の緩徐楽章に例を見ないスケールを持っている。しかも、この楽章を中心にして、前後に二つの楽章を配置することにより、左右対称の五楽章という革新的なバランス感覚が形成されることになった。この曲は、その完成度の高さによって、ベートーヴェンの作品中、最高傑作の一つとなった。

同じ年、一八二五年の一二月、ガリツィン侯爵のための三曲の弦楽四重奏曲の最終曲《第一三番　変ロ長調》（作品１３０）が完成する。

初稿は六楽章構成で、一八二六年三月二一日、シュパンツィヒ弦楽四重奏団によってウィーンで初演されたが、曲の出来については評価が分かれた。第二楽章の〈スケルツォ〉と第四楽章の〈アラ・ダンツァ・テデスカ（ドイツ舞曲風）〉はアンコールされるほど好評であったし、第五楽章の〈カヴァティーナ〉の美しく可憐な響きも聴き手に感動を与えたが、第六楽章の七四一小節に及ぶ〈大フーガ〉を理解できる聴衆はほとんどいなかった。

全曲の演奏には約五〇分という長大な時間が費されたのである。

〈大フーガ〉については、『総合音楽新聞ＡＭＺ』の初演評にある〈中国語のようにチンプンカンプン〉という言葉が有名になった。〈各楽器が北極領域と南極領域で化け物じみた難しさで戦闘しなければならない〉とも評されている。しかし、「この作品をもう一度聴き直したい」という人も多かったようで、楽譜出版社のアルタリアや親しい友人たちは、別の簡素なフィナーレを書くことを強く勧めたらしい。一八二六年の一一月には最終楽章の第二稿が完成、一八二七年四月にはその稿にもとづく曲が初演された。《大フーガ　変ロ長調》は「作品１３３」としてルドルフ大公に献呈された。

病に倒れる

ベートーヴェンは《弦楽四重奏曲第一三番》の初稿完成の直後、一八二五年の一二月から、誰からの依頼でもなく、自らの意志で新しい弦楽四重奏曲の作曲を始めた。完成は翌一八二六年の八月——《第一四番　嬰ハ短調》（作品１３１）である。

この曲は楽章の概念を取り払い、七つの部分を休みなく演奏するという破天荒で前衛的な音楽である。ベートーヴェンは多数のスケッチをもとに周到な彫琢《ちょうたく》を経たこの作品について、「この曲は生涯最高の傑作だ」と言ったと伝えられている。後世の多くの音楽学者や専門家も、この意見に賛同している。ドイツの音楽学者アルノルト・シェーリングは、この曲のもたらす詩的ファンタジーを、「シェイクスピアの『ハムレット』の音楽的実現」と解釈したという。

この曲を含め、ベートーヴェンの後期の弦楽四重奏曲は、交響曲のジャンルにおける《第九》と並んで、後世の作曲家たちに対して同じ分野での作曲を絶望させる、空前の高みに達している音楽ということができるだろう。

最晩年の一八二六年の一〇月から一一月にかけて、ベートーヴェンは《弦楽四重奏曲第一六番　ヘ長調》（作品135）と、《大フーガ》に代わる《第一三番》の終楽章を完成させた。

この年の九月、彼はリンツでの薬局経営と投機などで財を成して、クレムス・アン・デア・ドナウ近郊の高台にある美しい村グナイクセンドルフに大農場と大邸宅を構えていた弟ヨハンの邸に滞在することになる。

前述のように甥のカールが七月二九日、ピストル自殺を図り、幸い一命を取り止めたあと、その静養も兼ねてヨハンの邸を一緒に訪れたのである。

当初の予定は二週間程度であったらしいが、ベートーヴェンは風光明媚なこの土地が気に入ったらしく、思いがけぬ長期滞在になった。《弦楽四重奏曲第一六番》と《第一三番》の終楽章の書き直しもこの地で仕上げた。一つだけ不満だったのは、この地には作曲した楽譜を清書する写譜屋がいなかったことで、ベートーヴェンはパート譜の清書も自分でやらなければならなかった。ヨハンは兄のベートーヴェンと甥のカールから、自分の邸での滞在費を徴収していたらしい。

長逗留しているグナイクセンドルフには冬の兆しが訪れていた。ベートーヴェンは暮のウィーンでの音楽会や楽譜の出版交渉のことも気になったし、甥カールの静養の期間が長すぎると社会復帰が難しくなると考え、一二月一日金曜日の朝、慌しくウィーンに向けてグナイクセンドルフを出発した。このとき、ウィーン行きを焦って予約の必要がある幌馬車の調達ができず、ベートーヴェン自身が「悪魔様の乗る下等な乗物」と呼んでいた牛乳運搬車に乗ったことが、結果的には彼の寿命を縮めることになった。

秋の九月に弟の邸を訪れ、当初二週間程度の滞在しか予定していなかったベートーヴェンは、まともな防寒コートの一着さえ持っていなかった。厳しい寒風のなか、幌のない馬

ホルツ

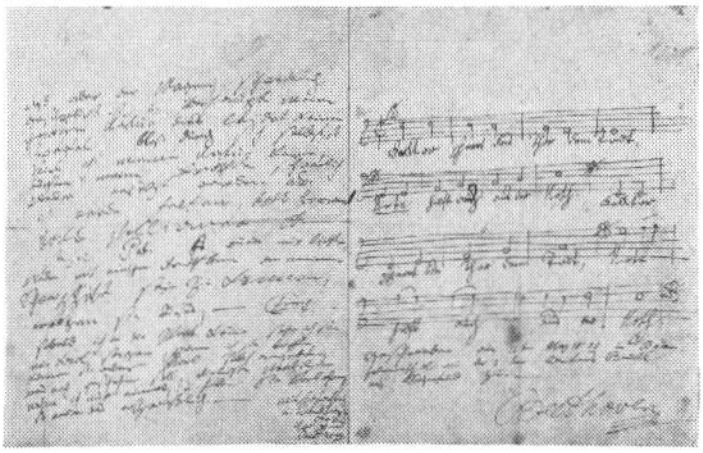

医師ブラウンホーファーに宛てた手紙

車に揺られた彼は風邪を引き、肺炎を起こして高熱を発する。ウィーンまでの一泊の旅、飛び込んだ安宿には暖房もなく、悪寒と発熱で一睡もできないまま朝を迎える。

ウィーンに着いた彼は主治医のブラウンホーファー博士に手紙を書き、往診を依頼するが断られる。もう一人の医師シュタウデンハイム博士からは往診すると返事をもらったが、彼は姿を現わさなかった。一二月三日、友人のカール・ホルツがベートーヴェンからの手紙を受け取り、市内の総合病院のアンドレアス・イグナッツ・ヴァヴルフ博士に依頼、ヴァヴルフ博士が往診に訪れたのは一二月五日のことであった。

ヴァヴルフ博士は六日の午前と午後、また七日にも往診してくれて、ベートーヴェンの高熱も下がり、肺炎の症状も治まって、小康状態を保つようになる。一二月一〇日にシュパンツィヒ弦楽四重奏団が《第一三番》を新しい終楽章付きで私的初演を催し、「絶品！」と賞讃されたが、ベートーヴェンは出席できなかった。

最後の作品

彼の絶筆となった《弦楽四重奏曲第一六番》は一見、古典回帰——つまり先祖返りを果たしたような、簡潔で透明なスタイルで作られている。

《第一二番　変ホ長調》の四楽章構成から《第一四番（実質的には第一五番）　嬰ハ短調》の七楽章まで増え続けた楽章数は四楽章に戻った。後期の作品に共通する深い瞑想と宗教的静寂さに支配されている第三楽章＝変奏曲を除けば、各楽章の曲想は《交響曲第八番》に似て、独特の軽妙さとユーモアのセンスに溢れた作りになっている。この透明感をベートーヴェンが晩年に到達した「悟りの境地」と解釈しても過言ではないだろう。

最終楽章の冒頭に「ようやくついた決心」という言葉が書かれている。そして曲の冒頭にヘ短調で「そうでなければならないか？（Muss es sein?）」と書かれた重々しい動機と、それに応答するヘ長調の「そうでなければならない！（Es muss sein!）」と対照的な気分で書かれた動機による第一主題によって曲が始まる。

この文言については、家政婦とのやりとりであるとか、出版の際の手紙の文章とか諸説があるが、最も多くの文書が残されているのがアマチュアのチェリストだったデンプシャーとの一件である。デンプシャーは私的な演奏会のために一八二六年の四月頃から《弦楽四重奏曲第一三番》のパート譜を借りたがっていたのに対し、ベートーヴェンは借料を請求、請求書に《カノン「そうしなければならぬ！ 財布を出せ！（Es muss sein! Heraus mit dem Beutel!）」》（ＷｏＯ１９６）を付けて彼に送った。デンプシャーは七月頃、仲介者のホルツに「そうしなければならないのか（Muss es sein?）」と訊ねたと、ホルツはベートーヴェンの会話帳に書きこんでいる。

この下世話な会話が弦楽四重奏曲の主題そのものになっているとは考えにくいが、カノンの主題がとられているのは明白であり、このパロディーの精神がこの楽章に取り込まれているということができるだろう。

終焉と栄光、そして人間の心

一八二六年の一二月一二日、病状が急変する。強い黄疸の症状が現れ、腸と肝臓に激痛が走るようになった。一時小康状態を保ったとはいえ、一二月の一日に発病した肺炎は、ベートーヴェンの体内にひそんでいた病根を引き出してしまったのである。

　腹部の痛みに耐えかねて、彼は体を海老のように折って苦しむ。ヴァヴルフ博士は、〔肝臓は小さな瘤《こぶ》状に固まる兆候が現れ、黄疸はますます強くなってきた……夜間には発作的に窒息状態を起すようになり、腹水が大量にたまってきた〕と、病状を記している（平野昭『ベートーヴェン―カラー版作曲家の生涯―』新潮文庫）。

　ヴァヴルフ博士は同僚と相談のうえ、腹水をとる手術が早急に必要との診断を下し、総合病院外科部長のザイベルト博士の執刀のもと、一二月二〇日に一回目の手術が行なわれた。一二月一〇日には薬剤師の弟ヨハンもグナイクセンドルフから駆けつけ、看病や食事の世話などに当たっていた。

　一七二七年の年初、一月二日に甥のカールは軍隊入隊のためボヘミアのイーグラウに向けて旅立って行った。翌三日にベートーヴェンは顧問弁護士のバッハに、「私の死の前に、わが愛する甥のカール・ヴァン・ベートーヴェンを私の七枚の銀行株券等全財産の相続人とする」と遺言書を書いた。更に、「宮廷顧問官のシュテファン・フォン・ブロイニングとあなたに、カールの共同後見人になって欲しい」と付け加え、「私への愛と友情に対して、あなたに一〇〇〇回の感謝を」と結んでいる。

「ベートーヴェン重態」の噂は広がり、シュヴァルツシュパーニアハウスの病床には旧知の人びとが見舞いに訪れた。「黒いスペイン館」という名を持つ館の三階が彼の最後の住居となった。ベートーヴェンは夏期の郊外滞在を含め、生涯に七九回の引越しを経験しており、ウィーン市内には「ベートーヴェンが住んだ」とされる住居が二六ヶ所もある。

　病床に臥したベートーヴェンは、経済的にも困窮に陥った。しかし《弦楽四重奏曲第一三番》の成功を祝して彼を名誉会員に推したウィーン楽友協会も、名誉市民に祭り上げたウィーン市も、彼の窮状に対して何もしなかったようである。これまでに明らかになっている資料のなかには支援の痕跡すらない。《交響曲第九番》のウィーン初演を懇請した文書に連署した貴族たちの名も、会話帳には見当らない。ルドルフ大公やリヒノフスキー侯爵の名も、発見された資料のなかにはない。

　ベートーヴェン自身も、救援を訴えた先はイギリスのロンドン・フィルハーモニー協会だけであった。協会は二月二九日に総会を開いて、一〇〇ポンド（一〇〇〇グルデン）の贈与を決定し、直ちに実行した。

　イーグラウに赴任しているカールから、三月四日付の見舞いの手紙が届く。「僕の大切な父へ」という呼びかけが、ベートーヴェンの気持ちをどれだけ救ってくれたことか。

三月一八日、ロンドン・フィルハーモニー協会宛に、シンドラーの口述筆記で一〇〇ポンド送金への礼状を書く。これがベートーヴェンの生涯で最後の手紙になった。

その頃、ベートーヴェンは咀嚼《そしゃく》力を失い、流動食しか受けつけなくなっていた。麻酔薬のない時代の腹水除去手術が彼の体力を奪い、衰弱を早めたようにも思われる。

三月二三日、ブロイニングとシンドラーがベートーヴェンの体を支えながらベッドの上に起こし、ブロイニングが起草した遺言書を確認してもらい、それをベートーヴェンは自らの手で書き写した。乱れた文字ながら精一杯写し終えると、ローマ古典劇の終幕の常套句「喝采せよ、友よ、喜劇は終った！(Plaudite, amici, finita est comoedia!)」という言葉を口にした。

二四日には楽譜出版社のプレゼントでリューデスハイム・ベルク・ワインが届くが、「残念、残念、遅すぎたよ」と呟くのみで、ワインを口にする気力も無かった。この日の午後、医師たちは絶望的と診断、「終油の秘蹟」を授けるために司祭を呼んだ。

二四日の晩から意識が混濁、荒々しい鼾《いびき》を立てながら呼吸をするだけであった。

二六日の午後、シンドラーとブロイニングが葬儀の打ち合わせのため外出、部屋には作曲家のアンセルム・ヒュッテンブレンナーとヨハンの妻、義妹のテレーゼだけになった。シュヴァルツシュパーニアハウスの庭には早春の雪が残っていたが、時ならぬ稲妻が走り、春雷が轟《とどろ》く。ベートーヴェンは二日間の昏睡から奇跡的に目を覚まし、両目を見開き、右手の拳を振り上げてから一点を見詰めたまま手を落すと同時に、目を半ば閉じて永遠の眠りについたのであった。午後五時四五分頃――五六年と三ヶ月の生涯であった。

三月二七日、総合病院の病理学研究室のヨハン・ワーグナー博士の執刀により、検屍解剖が行なわれた。死因は肝硬変であった。〔肝臓は正常大の半分に萎縮し、角質化し、硬く、緑青色を呈す。瘤状の表面とその組織内に豆粒大の結節散在。血管細く、血行不全。脾臓は暗色にて正常大の二倍を上回る。膵臓も硬変〕と検屍書に記載されている（『ベートーヴェン―カラー版作曲家の生涯―』）。まさに満身創痍と言っていい状態であった。ベートーヴェンは糖尿病を患っており、その影響で視力にも問題があった。更に尿酸値が高く、痛風にも見舞われたことがある。痔疾も抱えていた。

祖父も父も酒を好み、特に父のヨハンの晩年は本人の宮廷歌手としての不遇も手伝って、アルコール依存症に陥っていたらしい。ベートーヴェン自身もワインを一日最低一本は空けるというほどの酒好きであった。アルコールの多飲によって起こる肝臓障害に加え、当時のワインには鉛系の添加物が加えられていて、彼の身体が鉛中毒に侵されていたという説もある。腸の疾患も抱え、手紙などには頻発する下痢を訴える記述も多い。

耳疾については従来、耳硬化症という説が唱えられていた。耳小骨に異常があったのではという説であるが、近年、原因は若年発症型両側性感音難聴という、何十万人に一人が患う遺伝子が影響する難病であるという説が有力である。もし、耳小骨に異常があれば、当時の医学でも解剖による所見として発見できたはずだと医学者は言う。

彼は障害を発した若い頃、友人宛の書簡に「話し声は聴こえるが、意味がわからない」と訴えている。特に高音が聴こえづらいというのである。人間の耳は高い音は子音を聴き取り、低い音は母音を聴き取る。若年発症型両側性感音難聴は、発症の初期、高音部の難聴から始まることが多いという。

解剖の翌日、三月二八日には画家のヨーゼフ・ダンハウザーによってデスマスクが採られた。葬儀は三月二九日の午後三時からと決定された。

白い薔薇と百合、そして絹布で飾られた遺体は樫の棺に納められ、八本の燭台に守られながらシュヴァルツシュパーニアハウスの自室で最後の夜を送る。

三月二九日の午後三時、シュヴァルツシュパーニアハウスの前の広場には二万人の人が集った。

教会などでの宗教儀礼を受けた棺は四頭立ての霊柩馬車に乗せられ、二〇〇台の馬車と数千人の葬列を従えてヴェーリング墓地に運ばれた。

墓地では劇作家フランツ・グリルパルツァーによって書かれた、心のこもった感動的な弔辞が宮廷俳優アンシュッツにより朗読された。

〔この去りにし人の墓の前に立ち、われわれは全国民の、全ドイツ民族の代表とも言えるこの人を失ったのは、故国の芸術、祖国の精神的精華としてわれわれに残されていたものから、その賞讃された半分を失ったのであり、それを悼む〕

に始まるベートーヴェンの全芸術と生涯、時代を超えた人間性を讃える追惜が述べられ、

そして、

ベートーヴェンの葬儀

〔彼の墓から一つの花、――彼と彼の仕事の追憶を持ち帰りなさい。そして、襲いくる嵐のように、君たちの生涯のうちに、彼の創造の力が君たちを圧倒する時はいつも今日の追憶を呼びさましなさい。かくも偉大な仕事を成し遂げ、そしていかなる瑕瑾《かきん》すらなかった彼の追憶を〕

と結んだ（『新編　ベートーヴェンの手紙』）。

棺は地面におろされ、月桂樹の輪を三つその上に置く。土が投げ入れられた。

四月三日のウィーン市内アウグスティーノ教会での死者のためのミサではモーツァルトの《レクイエム》が、五日のカール教会ではケルビーニの《レクイエム》が演奏された。

ヴェーリング墓地に埋葬された遺体は一八八八年六月二一日にウィーン中央墓地に移葬

され、シューベルトやブラームスとともに眠っている。

最後に一つ記さねばならぬこと——この葬儀と埋葬式の一切に、これまでベートーヴェンと関係のあった貴族の名は、誰一人として見られない。

エピローグ

本文にも記述したが、ベートーヴェンは手掛けたほぼすべてのジャンル――交響曲（全九曲）、ピアノ協奏曲（全五曲）、弦楽四重奏曲（全一六曲）、ピアノ三重奏曲（全七曲）、ピアノ・ソナタ（全三二曲）、ヴァイオリン・ソナタ（全一〇曲）、チェロ・ソナタ（全五曲）などがすべて傑作揃いで、後世の演奏家はこれらを「全集」として生涯、レパートリーにし、ステージで挑戦し、愛奏する。レコード会社はクラシック音楽部門のドル箱として、ＬＰ、ＣＤ、ＤＶＤ、ＬＤなどで競って「全集」をリリースする。

このような作曲家は音楽史上、ベートーヴェンただ一人である。しかも、どのジャンルにおいても作品には史上最高の傑作が含まれている。

このような人の作品と人生を語り尽くすことは至難の業――「不可能」と言えるかもしれない。しかしこの小著が、二〇二〇年、彼の生誕二五〇周年という節目の年に刊行されることによって、読者にこの不世出の人物の人生と作品の一端をご理解いただけるとしたら、同じ音楽の世界に身を置く者として、これ以上の喜びはない。

ベートーヴェンは生涯独身であった。しかし、「不滅の恋人への手紙」に見られるように、熱烈な恋愛も経験したし、一八一七年の彼の手記には〔愛のみ、――ただそれだけが汝に幸福をもたらすことができるのだ。――おお、神よ、――いつかは私にそれを見つけさせたまえ。――私の徳を高め――私のものとして許さるべき人を――〕という記述がある。また一八〇九年には、友人のグライヒェンシュタイン男爵に、〔さてぼくの嫁さがしを手伝ってくれませんか。普通のありふれたものでなく、わが音楽に憧れをもつような人を。――しかし美人でなければならない。きれいでないものをぼくは愛することはできない〕という書簡を送っている。

有名なピアノ曲《バガテル　イ短調「エリーゼのために」》（ＷｏＯ59）を一八一〇年に献呈したテレーゼ・マルファッティには強い結婚願望を抱いていたという。

しかし彼と付き合った美しい女性はすべて貴族の出身であったから、当時の身分制社会にあっては、結婚は許されなかった。なおこの曲には、献呈されたテレーゼ・マルファッティの名が楽譜に書かれているが、ベートーヴェンの悪筆のため、出版社が「テレーゼ」を「エリーゼ」と読み違えたという、彼らしい挿話がある。

ともあれ、貴族の家庭や社交の場であったサロンの娯楽物で、そのほとんどが一度限りの使い捨ての憂き目を見ていた音楽を、不滅の「芸術作品」に仕上げたという行為は、ベートーヴェンが人類に贈った最大の遺産である。

背景に産業革命と市民階級の勃興があり、フランス革命とナポレオンの登場による近代社会への移行期があった。奇しくも同年生まれの哲学者ヘーゲルが出現、文豪ゲーテもワイマール公国の宰相として活躍していた。ゲーテはベートーヴェンについて、「私は、このように強い集中力、活力、豊かな心情を持った芸術家に会ったことがなかった。彼が世間に調子を合わせるのをどんなに困難に感じていたか、よく理解できる」と語っている。「時代が生んだ巨人の一人」であるには違いないが、それにしても遺した遺産とその功績は不滅であり、影響は余りにも大きい。

本書の執筆をお約束したのは二〇一七年の七月、前作『ストラディヴァリとグァルネリ――ヴァイオリン千年の夢』（文春新書）を上梓した直後のことであった。担当役員は常務取締役の飯窪成幸氏、編集長は吉地真氏――脱稿二〇一九年中のお約束が大幅に遅れ、刊行がベートーヴェン生誕二五〇周年の年末近くになった。ベートーヴェンの生年月日は一七七〇年一二月一六日頃と言われているので、「辛うじて間に合ったか」というのが現在の感想である。

文春新書の編集長は前島篤志氏に交替、担当は次長の織田甫氏となった。脱稿までのご助力とご指導に改めて厚く御礼を申し上げます。

なお、極めて膨大で困難な研究資料のご教授と調達にあたっては、東京藝術大学非常勤講師・COI研究推進機構プロデューサーの中西隆氏に絶大なご協力を頂戴したことを付記し、感謝の言葉とさせていただきます。

映像で鑑賞するベートーヴェン

膨大な数が発売されているCDについては、宇野功芳、福島章恭両氏との共著になる『新版クラシックCDの名盤』、『新版クラシックCDの名盤　演奏家篇』、『クラシックCDの名盤　大作曲家篇』（いずれも文春新書）で紹介したので、ここでは映像化されている名演奏家の名演について、ご参考までにご紹介したい。

ただし、映像化作品については、近年のレコード店の減少により、市場では入手困難のものがあるが、ご容赦いただきたいと思う。

交響曲全集

音楽は「再現芸術」である。絵画や文学なら、われわれは作品に直接当面することができるが、鑑賞者が楽譜に直面してみても、そこから直ちに感興を得ることはできない。演奏家による「演奏」という行為を通じて、作品ははじめてその芸術的意味を開陳してくれるのである。

音楽という芸術において、作曲家の仕事は、第一次的な創造であり、演奏家の行為は第二次的な、いわば「追創造」である。

作曲家と同じく、演奏家も生来の資質に加え、生まれ育った時代、受けた教育、さまざまな経験によって、その表現が千変万化する。われわれの前に表現される音楽には、作曲家と演奏家という二つの人格が関わっているということができるだろう。

交響曲、管弦楽曲の場合、演奏には指揮者の資質が大きく関わってくるのであるが、ベートーヴェンの楽曲の演奏には、大まかに言って二つの流れがあるようである。

その第一は、ロマン派初期のメンデルスゾーン——もちろん録音は残っていないので、言い伝えであるが、彼の音楽と同じく、比較的スッキリした、楽譜に忠実な演奏だったらしい。その流れは二〇世紀の名指揮者アルトゥーロ・トスカニーニに引き継がれ、現代ではアンドリス・ネルソンスがその代表格。パーヴォ・ヤルヴィもそのスタイルと言えるかもしれない。

第二のスタイルは後期ロマン派のワーグナーで、自身の音楽観に基づく重厚な解釈がその特徴である。二〇世紀にそのスタイルを完成させたのがウィルヘルム・フルトヴェングラーである。あまりの完成度の高さに、後継者は現れないと思われていたが、クリスティアン・ティーレマンがそのスタイルを継承している。

○クリスティアン・ティーレマン指揮、ウィーン・フィルハーモニー管弦楽団、ウィーン楽友協会合唱団など
キングインターナショナル（BD&DVD）

二〇〇八年一二月から二〇一〇年四月にかけて、ウィーンのウィーン楽友協会黄金のホールで行なわれた演奏会のライヴ。重厚な古典的スタイルの名演である。余白にドイツの音楽評論家ヨアヒム・カイザーとティーレマンの対談が収録されている。これが秀逸である。

○パーヴォ・ヤルヴィ指揮、ドイツ・カンマーフィルハーモニー・ブレーメン、ドイツ・カンマーコーア
ソニー（DVD）

二〇〇九年九月九日から一二日、ボンのベートーヴェン音楽祭での収録。ピリオド奏法による、現代的かつユニークな

演奏。ティーレマンとは正反対の解釈だが、それなりの説得力がある。ベートーヴェンの音楽の奥深さと多面性が味わえるだろう。

○オットー・クレンペラー指揮、ニュー・フィルハーモニア管弦楽団、ニュー・フィルハーモニア合唱団
キングインターナショナル（BD）

一九七〇年の五月、六月、ベートーヴェン生誕二〇〇年を記念して、英京ロンドンのロイヤル・フェスティヴァル・ホールで行なわれた演奏会のライヴ。収録はBBCである。

クレンペラーは脳腫瘍、大火傷《やけど》、大腿骨の骨折、ナチスによる迫害など、数多くの災厄を経験、更に遺伝性の双極性障害を持つ不羈奔放《ふきほんぽう》を絵に描いたような指揮者であった。晩年の演奏は超低速傾向で、一聴ドラマティックではないが、作品の精髄を余すところなく表現、現代の指揮者からは味わえない風格が画面から感じとれる。音はモノラルであるが、鑑賞には支障がない。貴重な遺産が近年発掘された。

交響曲第三番「英雄《エロイカ》」
○ヘルベルト・フォン・カラヤン指揮、ベルリン・フィルハーモニー管弦楽団
ソニー（ＤＶＤ）

一九八二年四月三〇日、ベルリン・フィル創立一〇〇周年記念演奏会のライヴ収録。カラヤンは「全集」も収録しているが、作為が目立ち、余り評価はしたくない。この録画はまさに一発勝負。ベルリン・フィル全盛時代のゴージャスな響き（通称カラヤン・サウンド）を満喫できる。彼の死後、こういう音と響きは永遠に再現不能となった。

交響曲第四番＆第五番「運命」
○シャルル・ミュンシュ指揮、ボストン交響楽団
ｉｃａ（ＤＶＤ）

一九五九年から六一年にかけての収録だから、モノクロームであり音源もモノラルである。しかし、この時代のアメリ

カのオーケストラの水準は、ヨーロッパ諸国からの亡命音楽家を糾合して質量ともに最高水準にあった。指揮者もミュンシュ、ワルター、ストコフスキーなど、個性豊かな面々が君臨して百花繚乱の趣きがあった。この演奏は一切の小細工を排した、まことにオーソドックスなものであるが、聴く者を画面から離さない説明不可能な魅力がある。ティーレマンやヤルヴィ以上に、「ベートーヴェンを聴いた！」という感動が残る。全身全霊を賭けたミュンシュの指揮スタイルが素晴らしい。

交響曲第四番&第七番

○カルロス・クライバー指揮、アムステルダム（現ロイヤル）・コンセルトヘボウ管弦楽団
デッカ（旧フィリップス）（DVD）

「颯爽！」という言葉をそのまま画面にし、音楽にしたようなDVD。一九八三年のライヴ映像。クライバーはレパートリーの選り好みが激しく、《第三番「英雄」》も《第九番「合唱付き」》も演奏したことはなかった。「曲の完成度が高く、音にしてはならない音楽だ」と語ったという。晩年、「やるべ

きことは、もう残っていない」と自死したとの説あり。

ピアノ協奏曲全集

○ダニエル・バレンボイム指揮＆ピアノ、シュターツカペレ・ベルリン

EuroArts（BD）

二〇〇七年五月のルール、クラヴィーア・フェスティヴァル・ライヴ。指揮者として一世を風靡、名ピアニストとしても有名な現代の巨匠ダニエル・バレンボイムの弾き振り。オーケストラは手兵シュターツカペレ・ベルリンである。

全五曲を毛ほどの隙もなく、完璧に仕上げていて、文句のつけようもない。後述のアルゲリッチ盤のような、ソリストと指揮者の丁々発止のスリリングな面白さはないが、作品を味わうという点ではこのシリーズは満点というほかはない。全五曲が一枚のブルーレイ・ディスクに収録されているという値頃感も特筆大書していいかもしれない。映像も音響も素晴らしい一枚である。

ピアノ協奏曲第一番

○ピアノ：マルタ・アルゲリッチ、指揮：小澤征爾、バイエルン放送交響楽団
DREMLIFE（DVD）

小澤征爾は協奏曲の伴奏が非常にうまい。「悍馬《かんば》」の定評があり、指揮者泣かせのマルタ・アルゲリッチが、小澤征爾とコンビを組むと、「協演」という言葉を絵に描いたような演奏を披露する。一九八三年六月一七日、ミュンヘンのヘラクレスザールでのライヴ収録である。

ピアノ協奏曲第二番

○ピアノ：マルタ・アルゲリッチ、指揮：ガボール・タカーチ＝ナジ、ヴェルビエ祝祭室内管弦楽団
idéale audience（BD）

アルゲリッチ愛奏曲は《第一番》と《第二番》らしい。彼女の

颯爽としたピアニズムに、楽聖青年期のこの二曲が向いているのかもしれない。スイスのヴェルビエ音楽祭二〇〇九年のライヴ収録である。

ピアノ協奏曲第四番

○ピアノ：ヴィルヘルム・バックハウス、指揮：ハンス・クナッパーツブッシュ、ウィーン・フィルハーモニー管弦楽団

TDKコア（DVD）

　バックハウスの《第四番》には「神技」という定評があった。特に第二楽章――彼はギリシャ神話の「オルフェウスとエウリディケ」の悲恋を頭に思い描きながら演奏していたという。大指揮者で奇人のクナッパーツブッシュとの一九六二年のアン・デア・ウィーン劇場での共演では、老巨匠同士が相譲らず、ソリストの登場部分ではバックハウスのテンポで、オーケストラだけの部分はクナッパーツブッシュのテンポで演奏しているのが面白い。しかし、音楽の説得力は抜群である。

○ピアノ：内田光子、指揮：ズービン・メータ、イスラエル・フィルハーモニー管弦楽団

Amado（DVD）

サイトウ・キネン・フェスティバル松本（現セイジ・オザワ松本フェスティバル）に来日した折のインタヴューで内田光子に、「私の《第四番》は素敵よ。是非聴いて欲しいの」と言われた記憶がある。残念ながら、その約束は実現していないが、ズービン・メータとの共演の映像を観る限り、「その通りだ！」と、私は思う。二〇〇二年三月二六日、テル・アヴィヴにおけるライヴ。

ヴァイオリン協奏曲

○ヴァイオリン：ナタン・ミルシテイン、指揮：サー・エイドリアン・ボールト、ロンドン・フィルハーモニー管弦楽団

EMI（DVD）

一九七二年のロンドン、ロイヤル・フェスティヴァル・ホールにおけるライヴ。モノクローム収録だが、演奏の質は極

上。気品が高く、気迫に溢れる。「ヴァイオリン協奏曲の王者」と称される音楽の内容の深さと豊かさを、これほどまでに教えてくれる演奏は他にない。

弦楽四重奏曲全集（全一六曲）

ベートーヴェンの弦楽四重奏の演奏の理想型は、一九一九年に結成、一九三〇年代までドイツで活躍した名ヴァイオリニストのアドルフ・ブッシュが率いたブッシュ弦楽四重奏団だったと言われている。指揮者のフルトヴェングラーと同じく、「ドイツ的とは何か」という設問に真っ向から応えてくれるような演奏スタイルで、グローバル化が進行した現在では、再現は「ほぼ不可能」と考えていい。高貴で重厚なその演奏スタイルは、一歩間違えれば泥臭い、田舎染みた表現に堕する可能性もあるからだ。往年のバリリ弦楽四重奏団のような気品の高い、しかもウィーン情緒に溢れた演奏も、今では過去の遺産になってしまった。

演奏の技術的精度の高さが、音楽の価値を決めるような現在の風潮を嘆くのは、老人の繰り言なのであろうか。

二〇世紀の半ばには、アメリカにも名手ロバート・マンが率いる初代のジュリアード弦楽四重奏団のような、身・技・体を兼ね備えたアンサンブルが存在した。「古い」と言われるかもしれないが、優秀な弦楽四重奏団には抜群の技量と音楽性を持った第一ヴァイオリン奏者の存在が不可欠のように思われる。

○アルバン・ベルク四重奏団

EMI（DVD）

ウィーンを出発点としたヴィルトゥオーゾ・アンサンブルであるが、いわゆる「ウィーン情緒」は感じられない。正確無比。こういう演奏には、聴く人の好みは分かれるかもしれない。一九八九年、ウィーン・コンツェルトハウスのモーツァルトザールにおける全曲演奏会のライヴ収録。

○ベルチャ四重奏団
EuroArts（BD）

第一ヴァイオリン奏者コリーナ・ベルチャは女性ヴァイオリニスト。演奏スタイルは現代的で、アルバン・ベルクに似ている。二〇一二年、ウィーン・コンツェルトハウスにおける全曲演奏会のライヴ収録。

弦楽四重奏曲選集

○ジュリアード弦楽四重奏団
EuroArts（DVD）

ベートーヴェンの弦楽四重奏曲の「エッセンス」と称しても差し支えない選曲であり、演奏である。内容は《第四番　ハ短調》、《第七番　ヘ長調「ラズモフスキー第一番」》、《第一四番　嬰ハ短調》の三曲。一九七五年、バイエルンのビブリオテークザールでの収録。名ヴァイオリニストであるロバート・マンが率いていた時代の演奏で、響きの美しさ、適正なテン

ポによる内容の豊かさは絶品。比肩する演奏は見当たらない。かつて、「アメリカにはこういう音楽家がいたのか」と驚愕するのは必定である。

ピアノ三重奏曲全集

　ピアノ三重奏《トリオ》は本文で述べたように、ベートーヴェンの登場によって、独奏ピアノと弦楽器二人の助奏《オブリガート》という音楽から、三人の名手によるダイナミックな室内アンサンブルに変質した。

　第二次世界大戦前のヨーロッパには巨匠三人であるピアノのアルフレッド・コルトー、ヴァイオリンのジャック・ティボー、チェロのパブロ・カザルスをメンバーとする通称「カザルス・トリオ」が活躍、一世を風靡した。戦後のアメリカにはピアノのアルトゥール・ルービンシュタイン、ヴァイオリンのヤッシャ・ハイフェッツ、チェロのグレゴール・ピアティゴルスキーというロシア系の三巨匠の団体があり、ヨーロッパではピアノのウィルヘルム・ケンプ、ヴァイオリンのヘンリク・シェリング、チェロのピエール・フルニエという国際的なメンバーによる名アンサンブルが活躍していた。旧ソビエト連邦にも名ヴァイオリニストのダヴィード・オイストラフやレオニード・コーガンをメンバーとするピアノ・トリオがあり、音楽愛好家を喜ばせていた。ルービンシュタインのトリオにはモノクロームの映像（ＬＤ）があるが、残念ながらベートーヴェンの作品ではない。

近年、何故かこの種の名アンサンブルの名を聞かない。淋しい限りである。

○ピアノ：ユージン・イストミン、ヴァイオリン：アイザック・スターン、チェロ：レナード・ローズ

ＥＭＩ（ＤＶＤ）

一九七〇年から七五年まで、パリで収録。全七曲を二枚のＤＶＤに収録した貴重な記録であるが、映像の一部が不鮮明な曲があったりして残念である。ピアニストのイストミンは一九七〇年代のアメリカを代表する演奏家であるが、曲想解釈に疑念が残る。

ヴァイオリン・ソナタ第五番「スプリング」

○ヴァイオリン：ダヴィード・オイストラフ、ピアノ：レフ・オボーリン
EMI（DVD）

贅沢は言えないが、演奏が「立派過ぎる」。旧ソビエト連邦時代、国家が音楽家を育て、銘器を貸与して世に送った。オイストラフもオボーリンも、そんな時代の代表選手である。一九六二年、パリでの録音。現代の奏者には見当たらない風格の持ち主であった。

ヴァイオリン・ソナタ第六番

○ヴァイオリン：ダヴィード・オイストラフ、ピアノ：スヴャトスラフ・リヒテル
VAi（DVD）

一九七〇年三月、ニューヨーク、リンカーン・センターのアリス・タリー・ホールでのライヴ収録。「《第六番》とは、こん

な素晴らしい曲であったか」と、ベートーヴェンを再認識させる極上の一枚。

ヴァイオリン・ソナタ第九番「クロイツェル」

○ヴァイオリン：ジノ・フランチェスカティ、ピアノ：ロベール・カサドシュ

EMI（DVD）

一九七〇年、パリで収録。華麗な音楽であり、華麗な演奏である。奏者は二人ともフランス人であるが、ヨーロッパの伝統を全身で受け継いでおり、国籍は関係ないだろう。フランチェスカティの極美のヴァイオリンに、カサドシュの極上のピアノが寄り添う。「協奏的ソナタ」というベートーヴェンの作曲意図を一〇〇%再現した演奏である。《第一〇番》も併録。

チェロ・ソナタ全集

○チェロ：ムスティスラフ・ロストロポーヴィチ、ピアノ：スヴャトスラフ・リヒテル
EMI（DVD）

一九六四年八月、エジンバラ音楽祭におけるライヴ収録。モノクロームの画面ながら、演奏の素晴らしさは満喫できる。ロマノフ王朝の帝政ロシアからスターリンの独裁体制によるソビエト連邦という閉鎖的な巨大国家のなかで、一九世紀に花開いたクラシック音楽の精髄が、グローバル化の毒に侵されることなく保存されていた。「昔は良かった」という懐古趣味に耽るわけではないが、こういう音楽を身近で体験できる機会を失った現代が寂しい。

ピアノ・ソナタ第一四番「月光」

○ピアノ：ヴィルヘルム・ケンプ
EMI（DVD）

一九七〇年、パリで収録。「現代のピアニストはベートー

ヴェンの音楽を〝挑戦〟の対象として弾くが、ケンプは在りし日の旧友の想い出を語るように弾いた」。ウィーンの名ピアニスト、ワルター・パンホーファーの懐古談である。「想い出が長く心に刻まれるピアニストね」と語ったのは内田光子である。生きた時代の差かもしれないし、生来の人格の差かもしれない。「月光」の演奏に接すると、私はいつもこの言葉を想い出す。

ピアノ・ソナタ第二九番「ハンマークラヴィーア」

○ピアノ：ウィルヘルム・ケンプ

VAi（DVD）

一九六四年、ラジオ・カナダにて収録。何十年か前、ケンプの演奏でこの曲の第三楽章の冒頭に接したとき、私は涙を流した。音楽は「記憶の芸術」である。一瞬の想い出が心に刻まれ、生涯記憶に残る。その現象を「人生の何かが変わった」と評したピアニストがいた。

ピアノ・ソナタ第三〇番&第三一番&第三二番

○ピアノ：パウル・バドゥラ＝スコダ

gramola（DVD）

かつて、フリードリヒ・グルダ、イェルク・デムスとともに「ウィーンの三羽烏」と評された俊才の九〇歳の誕生日記念ライヴ。二〇一七年一〇月一五日、ウィーン楽友協会黄金のホールで収録。現代風のヴィルトゥオーゾではないが、この年齢でもテクニックには些《いささ》かの不安もない。ウィーンの銘器ベーゼンドルファーの柔かい、しかし芯のある、豊かな響きが印象的。本場出身で、積み重ねられてきた歳月の重みが聴き手の心を打つ。こういうピアニストはもう現われないかもしれない。

ミサ・ソレムニス

○クリスティアン・ティーレマン指揮、シュターツカペレ・ドレスデン、シュターツカペレ・ドレスデン合唱団ほか

UNITEL CLASSICA（DVD）

現在の指揮者で、《ミサ・ソレムニス》を振れる最高の人物はティーレマンだろう。二〇一〇年二月のドレスデン・ザクセン国立歌劇場でのコンサート・ライヴ。レーザー・ディスクでも購入可。

歌劇「フィデリオ」

○レナード・バーンスタイン指揮、ウィーン国立歌劇場管弦楽団、ウィーン国立歌劇場合唱団ほか。オットー・シェンク演出

ドイツ・グラモフォン（DVD）

一九七八年、ウィーン国立歌劇場公演のライヴ収録。

○フランツ・ウェルザー＝メスト指揮、ウィーン・フィルハーモニー管弦楽団、ウィーン国立歌劇場合唱団ほか。クラウス・グート演出
ソニー（DVD）
二〇一五年、ザルツブルク音楽祭でのライヴ収録。

○ニコラウス・アーノンクール指揮、チューリヒ歌劇場管弦楽団&合唱団ほか。ユルゲン・フリム演出
Arthaus Musik（BD）
二〇〇四年、チューリヒ歌劇場公演のライヴ収録。

三組の名盤を前にして、選択に迷う。収録年は古いが、バーンスタイン盤は国内盤、他の二枚は輸入盤である。

中野　雄（なかの　たけし）

1931年、長野県松本市生まれ。音楽プロデューサー。東京大学法学部卒業。日本開発銀行（現・日本政策投資銀行）を経て、オーディオ・メーカーのトリオ（現・ケンウッド）役員に就任、代表取締役、ケンウッドU. S. A. 会長を務めた。昭和音楽大学・津田塾大学の講師、映像企業アマナなどの役員も歴任。ピアニスト宮沢明子を起用して、日本初の『モーツァルト：ピアノ・ソナタ全集』を企画制作（1973年）。「ウィーン・モーツァルト協会賞」など、内外で受賞多数。著書に『丸山眞男 音楽の対話』『モーツァルト 天才の秘密』『小澤征爾 覇者の法則』『ストラディヴァリとグァルネリ ヴァイオリン千年の夢』（いずれも文春新書）など。

文春新書

1290

ベートーヴェン
音楽《おんがく》の革命《かくめい》はいかに成《な》し遂《と》げられたか

2020年11月20日　第1刷発行

著　者　　中野　雄
発行者　　大松芳男
発行所　株式会社　文藝春秋

〒102-8008　東京都千代田区紀尾井町3-23
電話（03）3265-1211（代表）

印刷所　　理想社
付物印刷　大日本印刷
製本所　　大口製本

定価はカバーに表示してあります。
万一、落丁・乱丁の場合は小社製作部宛お送り下さい。
送料小社負担でお取替え致します。

ISBN978-4-16-661290-1